「月1韓国美容課金ひとり旅」で
試したすべて

成功の毎日美容

Nana

はじめに

◆

『月1韓国美容課金ひとり旅』をメインテーマにSNSで発信している、美容家・動画クリエイターのNanaと申します。私の初めての書籍を手にとってくださり本当にありがとうございます。まずは自己紹介をさせてください。

「韓国美容」との出合い

2023年2月から、月1で渡韓をして韓国美容の魅力についてSNSで発信しています。約1年でたくさんの方々にフォローしていただき、気が付けば美容家・インフルエンサーという肩書までつくようになり、少し前はまったく想像していなかった自分がいます。

正直、これを書くことは悩んだのですが、私はつい数年前に、人生で一番つらい出来事を経験しました。今まで自分の信じてきたことがガラガラと崩れ落ちてしまい、絶望の淵という言葉が本当にしっくりとくるほど、毎日がとてもしんどくなってしまった出来事でした。

心は悲鳴をあげ、何もやる気が起きず、肌はボロボロ。もともと肌が黒いことや、肌荒れでずっと悩んでいたコンプレックスに拍車がかかりました。日本でさまざまな美容医療に助けを求めてすがりましたが、さらにニキビは悪化する一方。

人目につくのが嫌で、外出するときはマスクが必須になりました。

落ち込んで疲れ果てたあるとき、「もう何もかもを放り出して、気晴らしがしたい」、そう思いました。ふと、韓国に行って、以前から興味のあったお肌の管理でもしてみるか……と思い立ち、一人で渡韓。

初めて韓国の美容に触れ、自分の肌がみるみる変わっていくのを体感することになるのです。

それまでふさぎ込んでいた自分が前向きになれた気がしました。

もやがかっていた心に光がそっと差し込んで、明るく晴れていくような感覚がたまらなく心地よかったのを覚えています。

当時たまたまご担当いただいた皮膚科の先生から「まずは3か月続けてみてください」とアドバイスをいただき、それからどっぷりと韓国美容の魅力に沼ってしまいました。

現在も月1(ときにはそれ以上)の頻度で韓国の皮膚科やクリニックで肌管理を受けています。

もともと自分の肌にコンプレックスがあったので、美肌への探求心は強く、以前は日本の美容クリニックで広報の仕事をしていた経験もありました。

自分の肌悩みを解決するために、韓国語は一切わからないながらも必死に調べて、あらゆるものを試してきました。そして、肌がどんどんきれいになっていくのが楽しくて楽しくてたまらなくなったのです。

今は1日の大半をSNSで韓国美容や韓国の情報を検索することに費やしています。毎月自分で調べたことを韓国の皮膚科で答え合わせするのが楽しみのひとつ。新しい発見があったり、自分の考えが合っていたりするとたまらなくうれしさがこみ上げてきます。自他ともに認める正真正銘の韓国美容オタクに仕上がりました。

BEFORE

AFTER

みなさんの肌に本当に必要なことがわかる
「韓国美容の教科書」が作りたい

　たった1年で肌が劇的に変わった私は、いつしか自分に自信が持てるようになりました。どん底だった心が、肌がきれいになることで徐々に救われていったのです。

　同時に、私が感じたリアルな意見を盛り込みながら「月1韓国美容」の楽しさを発信するSNSを始めると、約1年で総フォロワーは約60万人（2024年9月現在）に！ 自分でも驚くほど多くの方々とつながって、日々いただくうれしい声が心の支えとなっています。

　その一方で、韓国美容についての知識や肌管理の方法を知りたいという方が非常に多いということもわかりました。

　しかしそれは、SNSのたった1分ちょっとの動画だけでは、当然のことながら伝えきれません。

　そんなとき、出版社の編集担当の方から「本を作りませんか？」とお声をかけていただき、「ぜひ！」と即答！

この本は、韓国美容の考え方を基盤に、みなさんが自分の肌に合うものは何かを知ることができて、正しい知識が身に付けられる、ずっと使える教科書のような本にしたいという思いを込めて作りました。これを読めば、どうしたら今の肌の悩みを改善できるのかが体系的に理解できるはずです。
　また、一般的なインフルエンサーさんやタレントさんの美容本と一味違うのは、私一個人の意見にとどまらず、韓国美容の第一線で今現在活躍されている専門家たちに取材をさせていただき、エビデンスに基づいて、本作りをしたということです。
　私は、誰よりも韓国美容マニアだと自負していますが、医師でもなければ美容の専門機関に勤めているわけでもありません。
　今回、美容成分は化粧品会社の方々に、美容施術については皮膚科や美容クリニックの先生方にご協力をあおぎ、SNSにあふれている間違いだらけの情報ではなく、正しい情報をお届けする本を目指しました。

　みなさんがこの本を読み終えたころには、自分自身の肌のタイプは何か、そして自分の肌タイプに必要な美容成分や、効果的な美容施術は何かまで、丸っとわかるようになっているはず。
　実際に試していくことで肌によい変化が生まれることが十分に期待できます。
　韓国美容オタクの私が持っているすべてと、韓国美容の専門家の方々の声をこれでもかと詰め込みましたので、どうか胃もたれにご注意を！
　あなたの肌を美しく導いて心を明るく照らすための一歩を、一緒に踏み出しましょう。

Nana

CONTENTS

はじめに ─────────────────────────── 002

私の韓国美容HISTORY ──────────────────── 008
やってよかった！リピあり・なし美容医療 ─────────── 012
確実に効かせるNanaの毎日スキンケア ─────────── 018

column 1　Nana流 韓国旅のしたく ─────────── 020
column 2　Nanaのソウルマップ ───────────── 022
column 3　ソウルの歩き方 ────────────── 024

CHAPTER 01
意外と知らない知識と心得15か条 ─────── 025

CHAPTER 02
肌診断をしてみよう！肌診断チャート ───── 041

シートマスク図鑑 ─────────────────── 054
便利すぎる！パッド活用術！ ─────────────── 060

column 4　Nanaの韓国ひとり旅 ある日のスケジュール公開！ ── 062

お悩み別 試してみるべき美容医療＆アプローチ法 ─────── 064
スキンブースター早見表！ ──────────────── 085

お悩み別 成分早見表！	086
これだけは押さえるべき10大成分	088
肌管理後のダウンタイム 絶対にやってはいけないNG行動	090
ダウンタイムを早く終わらせる技	091
薬剤師さんに聞いた！韓国のインナービューティ事情	092

column 5	ソウルおすすめスポット 狎鴎亭＆新沙	094

CHAPTER 03
Nanaに届いた1問1答 — 097

Nana's TIPS 1	化粧直ししないNana直伝！崩れないベースメイクのレシピ	115
Nana's TIPS 2	Nanaがやってるパーツケア教えます	116
Nana's TIPS 3	水分を制して勝ち組肌になるためのQ＆A	117
Nana's TIPS 4	肌美人の必須スキル！日焼け止めマスターへの道！	118

CHAPTER 04
私がたどり着いたボディケア8つのこと — 121

column 6	Nanaが通う ボディケア極上空間	130
column 7	遭遇率高め！Nanaの韓国ひとりごはん	132

Nana撮影の裏側＆韓国メイクテク大公開	134

007

私 の 韓 国 美 容

HISTORY

『月1韓国美容課金』のきっかけになったのは、実は、初めて訪れた皮膚科でむかついたから（笑）。

当時は、色素沈着やひどいニキビ肌をマスクで隠していて、カウンセリングでマスクを外した瞬間に「うわ……これは……」と、正直すぎる反応が返ってきました（笑）。

「3か月通ったら変われますよ」と言われ、正直1回だけのつもりでしたが「そこまで言うならやってやろうじゃないか！」と、奮い立ったことが『月1韓国美容課金』の始まりです。

そして、先生のおっしゃる通りに3か月通ってみると、肌がみるみる変わっていき驚きました。それまで感じたことのない化粧乗りのよさやつや、ずっと気にしていたニキビ跡も薄くなったのです。

先日も、本書の取材のためにこのクリニックを訪れましたが、先生が「さらに肌がきれいになっている」と驚いてくださり「いやいや、そんな」と謙遜しつつ、腹の中ではガッツポーズ（笑）。

私が韓国美容に出合ってから、どう変わったのか、ハイライトでご紹介させてください。

(MY KOREAN BEAUTY HISTORY)

渡韓前

もともと肌が焼けやすく、ひどいニキビと肌全体の色むらやくすみがありました。毛穴もほうれい線も目立っていた。

2023 2月

渡韓＆韓国で初の肌管理

ニキビや肌の色むらなどを撃退したくてシナジーMPXレーザーとポテンツァをここから3か月連続で受ける。MPXレーザーは今もずっと続けている施術。

2023 4月

『月1韓国美容課金』をSNSで本格的に配信！

月1で韓国に通うようになり、何かタイトルを付けたいと思い『月1韓国美容課金』をテーマにして配信。このとき初めてリジュランに出合い肌がぐっと変わり始める。

(MY KOREAN BEAUTY HISTORY)

2023 5月

リジュラン＆水光注射に悶絶

リジュランと水光注射を組み合わせて受けて、肌がつやっつやになり感動！リジュランは毎月受ける施術のひとつに仲間入り。

2023 6月

肌を褒められることが増えてきた

今まで肌を褒められることなんてなかったのに、褒めてもらえるようになる。この頃から毛穴の開きに効果的と言われるジュベルックを受け始める。

2023 9月

ニキビを治したくて初めてLDMを受ける

突然ポツッとできたニキビをどうにかしたくて、皮膚科で勧められたLDMを受けたら即効でニキビがよくなり驚いた。そこから渡韓のたびに受ける施術のスタメンに。

2023 10月

私の肌にドンぴしゃ！リズネに出合う

リズネはリジュランとほぼ同じ成分で別会社の製品。それでも私にはリズネのほうがつやとキメが整う気がしていて、リズネを打つように。

2023 11月

毛穴が目立たなくなりジュベルックを卒業

10月に5回目を受けたジュベルック。ずっと気にしていた毛穴に悩まなくなり、先生からもう打たなくてよいと卒業宣言をいただいた。自撮りをするのが楽しくて仕方ない♡

(MY KOREAN BEAUTY HISTORY)

2023 12月

フィラー＋ジェンバー糸で頬コケ改善

頬のコケをずっと気にしていたのですが、フィラーを入れてそれがずれないようにジェンバー糸で固定するようになり、かなり改善しました。

BEFORE　　**AFTER**

2024 1月

インモードフォーマ×リズネ×LDMがMY定番に

気になる施術を片っ端から試してきて、私の肌にぴったりな組み合わせを見つけた！今ではこの組み合わせは渡韓のたびに受けるマスト施術に。

2024 3月

チューンライナーという施術を受け始める

カウンセリングで絶対におすすめと言われて試しに受けてみたあごのフェイスラインを整える施術。ダウンタイムなしでフェイスラインしゅっ！とするのでお気に入り。

2024 4月

首の施術に夢中になる

私の顔にはリジュラン（リズネ）が合うけれど首にはあまり効果を感じず。

2024 5月

コラーゲンを増やすためにオリジオを追加

頬コケがかなり改善されてきたけど、気を抜かずにとにかくコラーゲンを増やすための施術は欠かさない。インモードフォーマに加えて半年に1回オリジオを。

現在

肌悩みは尽きない！新しい自分を求めて開拓中！

毎日、ひたすらSNSで韓国美容について調べまくっている。調べたら行動あるのみ！試すのみ！今までにたくさん失敗も繰り返してきましたが、これからも理想を目指し続けます。

Nanaの美容体験記！

自腹で試しまくってたどり着いた！
やってよかった！
リピあり・なし美容医療

韓国の美容医療について、私の肌には何がよかったか、合わなかったかをご紹介するので参考にしてみてください。あくまで私個人が過去に自腹で受けた施術の率直な感想と施術経過をリアルにお伝えします。

✦ 手打ちリジュラン（リズネ）

「リジュラン注射」は、サーモンから抽出されたポリヌクレオチド（PN）を有効成分とした薬剤「リジュラン®」を打つことで、皮膚の自己再生力を活性化させて、肌を若返らせる治療。私の肌が劇的に変わった理由です。キメ、トーン、つや、すべてにおいて改善。泣くほど痛いですが得られる効果を考えて勇気を出しました。痛みの少ない機械打ちもありますが、肌悩みに合わせて深さや注入量を調節してもらえる手打ち派です。ダウンタイムは約1週間。エンボス（凹凸）は施術から3日ほどでなくなりますが、その後あざが出る場合も。

BEFORE　　AFTER

肌が変わる!?スキンブースターとは！

スキンブースターとは肌質改善・肌育のために必要な美容成分を肌に直接注射する施術のこと。私が受けてよかったもの、皮膚科の先生に教えていただいた韓国で人気の施術をご紹介します！

Nanaの推し
① リジュラン（リズネ）
② 水光注射
③ スキンボトックス

韓国で人気
① リジュラン
② スキンボトックス
③ ジュベルック

ちなみに私の肌タイプは「乾燥・敏感肌」。ニキビや肌のくすみに悩んでいました。

✦ シナジー MPX レーザー

損傷した血管を収縮・除去し、新しい血管とコラーゲンの生成を誘導するレーザー。血管病変のみを選択的に治療することができるので効率的で安全な顔面紅潮(顔の赤み)治療が可能なレーザー装備。赤いニキビ跡、顔面紅潮、毛細血管の損傷、毛穴の開きなどの悩みに効果的。私はニキビ跡や肌の色むらを改善するのに、このレーザーが一番合っていました。すぐに劇的な効果があるものではありませんが、半年前と比べると明らかに違うので、根気強く続けていきたいです。

✦ LDM（12分）

低刺激なアンチエイジングケア。肌細胞に高密度の振動エネルギーを与え、肌内部の水分を真皮層に引き上げ、肌の乾燥によって起きるトラブルを解決してくれます。私は季節の変わり目で頬にポツッとニキビができたときに、皮膚科で勧められて受けたのですが、あっという間に肌の治安が落ち着いたことに驚きました。今では渡韓のたびに受けています。ダウンタイムがないのもうれしい。リフトアップなどモードも選択できます。

✦ Wピコ（ピコシュアとピコハイ）

ピコトーニングは、そばかすや肌のくすみ、シミにお悩みの方におすすめの治療。肌へのダメージを抑えたレーザーなので、1回で、というよりは続けることをおすすめされます。皮膚の深いところの真皮性色素に反応するピコシュアトーニングと、短時間の強いエネルギーで効果的な色素改善ができるとされるピコハイトーニングをダブルで。私が茶色い色素沈着やシミが出ないようにずっと欠かさずに受けている施術のひとつです。シミや肌の色を改善するためのレーザーは効果がわかりにくいですが、するとしないでは雲泥の差！

> Nanaの美容体験記！

✦ インモードフォーマ

韓国で「切らない小顔施術」として人気のインモードFXですが、私は肌表面のコラーゲン生成を助けてくれるインモードフォーマを受けています。続けていくうちに縦毛穴が目立たなくなり頬にハリが出てきたのを実感。インモードフォーマは、肌表面を40〜43℃まで上昇させ、真皮層内に熱刺激を与えることで、コラーゲンの生成を促進させて、シワ改善及びハリ強化を狙います。痛みやダウンタイムもほとんどなく、美容施術が初めての方にもおすすめです。

✦ ジェネシス

レーザーピーリング効果で肌表面に溜まってしまった古い角質を取り除くことで、肌の赤みや毛穴の開きを改善してくれるレーザーです。レーザーの熱作用によって毛穴を引き締め、肌の奥のコラーゲン生成にも役立ちます。私は時間に余裕があるときは、インモードフォーマと合わせてコラーゲンを増やす目的で受けています。

✦ 白玉注射（点滴）

美白成分として知られるグルタチオンがメイン成分として使われる点滴。解毒作用にも優れていて、二日酔いの翌日に受けるのもよいそう。私はずっとくすみや地黒に悩んできて、今はかなり改善されましたが、予防のために定期的に続けています。

✦ オリジオ

サーマクール（ソマジ）を模倣して作られた高周波レーザーです。サーマクールよりは効果は劣りますが、半年に1回、リフトアップはもちろん、コラーゲンを増やすという目的で受け始めました。

✦ スキンボトックス

表情筋に働きかけ表情ジワを改善させる一般的なボトックス注射とは異なり、皮膚の浅い層へ注入して引き締め効果を得たり、毛穴を縮小、小ジワなどを改善させたりする治療。私は3か月から半年に1回、フェイスラインや首に打っています。

✦ チューンライナー

超音波で脂肪細胞を破壊する機器。フェイスラインをきれいに整えたくて受けました。即効性がありよかった施術のひとつです。あごのラインがもたついているなと思ったときに受けるのがおすすめ。

BEFORE　　AFTER

✦ バイリズン（ヒアルロン酸の一種）＋ジェンバー糸

ずっとほうれい線が悩みで、いろいろな施術を受けてきましたが一番効果的だったのがこれ。ほうれい線に入れたヒアルロン酸が動かないように、溶ける糸「ジェンバー糸」で固定しています。１年に１回くらい受けるのが理想とのこと。

※ヒアルロン酸注射：ヒアルロン酸注射は、ボリュームの減少した部分などにアプローチし、シワやたるみを改善するだけでなく、目元をはっきりとさせたり、唇をふくよかにしたり、鼻先を高くしたり、顔全体を立体的に見せたりするなど、魅力的なパーツ形成もできる。さまざまな顔のお悩みに施される施術。

✦ 水光注射

水光注射とは、ヒアルロン酸や各種ビタミンなど美容成分を細い針で肌の表面直下の浅い層に注入することで肌に潤いやハリ、透明感をもたらし、肌の若返りを狙う施術。リジュランと組み合わせると、水分がたっぷりなつやつやな肌になれます。特に乾燥が気になるときは、この組み合わせのスキンブースターが最高です。

✦ アートメイク（眉）

とにかく毎日のメイクが本当に楽になりました。眉毛はラインを整えるのにすごく時間がかかりますが、アートメイクならばその必要がないので、朝のメイク時間がかなり短縮されて楽ちんです！

BEFORE　　AFTER

✦ アートメイク（唇）

アートメイクの中で一番やってよかったもの。自分に合うカラーが自然に入って、すっぴんでも健康的に見えるのがお気に入り。ただ、地味に痛かったです（笑）。

BEFORE　　AFTER

Nanaの美容体験記！

（ よかった！ だけど、今は必要ない施術 ）

✦ ジュベルックスキン

ジュベルックスキンは、自身の力でコラーゲン生成を促進させる施術。私はたるみによる縦毛穴に効果を感じ受けていましたが、毛穴に対して大きな悩みはなくなったのと、肌が薄いため打ちすぎるとしこりになる可能性もあると知り、今は受けていません。

✦ ピーリング
（ララピール、かぼちゃピール）

低刺激のピーリング。肌のごわつきを感じたときに。最近は、肌のごわつきをあまり感じず受けてはいませんが、ピーリングが必要なときは、ララピールかかぼちゃピールを選びます。

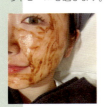

✦ 脂肪溶解注射（顔）

頬骨の上の脂肪を減らしたり、部分的にわずかに減らす分にはよかったです。しかし、肌がたるんでしまうリスクもあるので、同時にリフトアップ系のレーザーなどを受けることをおすすめします。

✦ ポテンツァ

ポテンツァはニキビ・ニキビ跡・毛穴の開き・小ジワ・肝斑などの改善を狙った「マイクロニードルRF（高周波）」治療。ニキビがひどかったときに受けてかなり改善したと思います。今は改善し、リジュランなどを打っているため必要がなくなりました。

✦ シミ取り注射

シミができた肌の真皮層にダイレクトに美白成分を注射してシミを改善するもの。現在は、悩むような目立つシミがなくなったので、する必要がなくなりました。

✦ リポットレーザー

1回でシミが取りきれ、再発がないという、別名「シミ消しゴム」。痛みもなく一瞬で終わります。私のシミはもちろん、何度も繰り返していた母の大きなシミも2週間できれいになくなりました。再発もなく、母が「本当にやってよかった！」とよく言っています。

> 効きすぎ注意のものも!?

（ 私の肌悩みには…リピなし施術 ）

✦ シュリンク

韓国産のリフトアップのための超音波レーザーで、小顔の施術として韓国でも人気。原理はお肉を焼くとぎゅっと縮まるのと同じ。しかし、顔にお肉が少なく肌が薄い私が受けたら、頰がコケてしまいました。肌に厚みがある人にはいい効果を感じられるのかも。

✦ ウルセラ

超音波レーザーの最高峰（ちなみにシュリンクは米国製のウルセラを模して作られたという韓国製）。ほうれい線が消えるどころか、さらに頰がコケて事件レベルでした。頰こけに悩む私には合わなかったのですが、人によっては大きな効果を感じられるかもしれません。

✦ アグネス

専用の機器で皮膚の内部にある「皮脂腺」へ電気を流し皮脂腺の働きを止め、ニキビの発生を抑える治療法。私はあごにできたニキビをやっつけたくて受けたのですが、出力が高かったためか翌日から色素沈着がひどくなりました。私のように敏感肌で皮膚が薄い人は向いていないようですが、人により違いがありそう。

✦ 脂肪溶解注射（ボディ）

クリニックによって成分や配合が異なり、独自の名前が付けられています。いくつか受けましたが、一度で効果を感じたので同じ部位には何度も受けていません。また、独特の痛みも強いです。

✦ エラボトックス

私はもともと頰がコケやすい顔で、エラがあまり張っていないのにもかかわらず「エラボトックス＝小顔になった」とSNSで見て何度か打ちました。気がついたら顔が間延びして、頰コケがかなり目立つようになりました。それに気が付いてからは、打つのをやめました。

✦ チタニウムリフト

韓国では芸能人が撮影前日に受けると言われているリフトアップ施術です。私はチューンライナーと同様、フェイスラインに即効性を感じました。ただ、効果が長続きしないので、緊急でリフトアップしたいという人にはよさそうです。

✦ あご・涙袋のフィラー

涙袋は少量入れたのことがあるのですが、膨らみすぎて垂れてしまい、私の顔には合いませんでした。韓国のクリニックでも「今すぐ溶かして！」と言われる始末（笑）。あごも入れ方次第ですが、少し尖った感じになってしまい理想とは違う結果に。ちなみに、フィラーを打つときはもちを長くするためにボトックスと一緒に受けるのがおすすめです。

DAILY SKIN CARE

攻めすぎないが功を奏す！

確実に効かせるNanaの
毎日スキンケア

基本のスキンケアをベースに、自分の肌タイプや悩みを理解してから、私なりにアレンジをしてたどり着いた日々のスキンケアルーティーンをご紹介します。

韓国ではこう使う！ 》》》 洗顔 》》》 化粧水 》》》 美容液 》》》 乳液
（またはクリーム）

Nanaの朝

① 導入美容液
② パッド
③ 化粧水
④ 水分アンプル
⑤ パッド（クーリング）
⑥ クリーム
⑦ 美顔器

朝シャワーを浴びたあとは、美顔器まで使ってしっかり水分を入れ込みます。最近はパッドがお気に入りで、ドライヤーをしている間も乾燥しないようにパッドを愛用中。そのあとは、化粧水、アンプル、肌の温度を下げてくれるクーリングタイプのパッドを。これでメイクがぐっと崩れにくくなります。

Nanaの夜

① 導入美容液　⑤ シートマスク
② パッド　　　⑥ クリーム
③ 化粧水　　　⑦ スリーピングマスク
④ 水分アンプル

夜は朝よりもさらに保湿に力を入れます。メイクを落としてお風呂で洗顔したら、まず導入美容液をたっぷりつけて、パッドをしながらドライヤー。そのあとは化粧水、アンプル、肌の状態に合わせてシートマスクを選びます。さらにクリームを塗って蓋をします。寝る直前には、翌朝洗い流す必要のないタイプのスリーピングマスクを塗って、終わり！

ダウンタイム

① 化粧水
② 水分アンプル
③ 再生クリーム
④ 再生軟膏
　（リジュビネックス）

ダウンタイムの初日は、化粧水、水分アンプル、再生クリームと軟膏を塗るというシンプルなケアに徹底。2日目からはここに導入美容液を加えます。ダウンタイム中は洗顔も控えていて、その代わりに柔らかな素材を使用した保湿系のパッドを使って、刺激がないように優しくふき取るのもマイルール。

コスメブランド担当者に聞いた！
デイリースキンケアケアの技

センテリアン24　　ラネージュ　　　SKIN1004　　　AESTURA　　　メディキューブPR
パク・ソンヒさん　パク・スジさん　宮崎あきほさん　ジャン・ミンジョンさん　パク・ダヒさん

01 クレンジングは ケチってはダメ！　＼肌に刺激を与えてない？／

クレンジングは量が少ないと摩擦が起きやすくなり、肌に刺激を与えることにもつながります。コスメブランドがそれぞれ推奨している適量をしっかりと使うようにしましょう。

02 化粧水はレイヤリングで 浸透力アップ！　＼今すぐやって！／

化粧水はレイヤリングが基本。ただ量を多く使えばいいのではなく、少量を何度も重ねていくことで浸透力が高まりメイク崩れもしにくくなります。手持ちのコスメでぜひ試してみてください。

＼組み合わせには注意／
03 美容液はW使いもあり！

自分の肌の状態や悩みに合わせて美容液を組み合わせるのもおすすめです。例えば保湿もしてハリも出したいのであれば、ヒアルロン酸とペプチドの美容液を重ねてみてください。

＼1日1回、美容液後も◎／
04 シートマスクはここで使う

マスクは洗顔後や化粧水後に使うのが一般的ですが、水分またはシカ系の美容液を使ってから行うのも◎！またクリーム系など高濃度のものは栄養過多になるので毎日使いはおすすめしません。

＼お悩み別に！／
05 パーツごとに美容液を 変えるのが賢い！

美容液は肌悩みに向き合うための商品で全顔に塗る必要はありません。それならば肌悩み別に美容液を変えてみるのも手です。例えば、混合肌ならば小鼻にはシカ、頬にはヒアルロン酸といった具合。

＼グルタチオン・PDRN…／
06 話題の高機能美容液は 水分ケアのあとに！

話題の美白成分であるグルタチオンと、肌を若返らせてくれると言われるPDRN。それぞれ高機能な役割を持つ美容液ですが、ヒアルロン酸などの水分系美容液と相性抜群。美顔器を使って導入を促していくのもおすすめです。

07 肌のコンディションでスキンケアを変える！　＼季節によっても違う？／

肌のコンディションは季節によっても異なります。暑い夏は乾燥は感じにくいけれどテカリが気になる、冬はひどく乾燥するなどそのときによって変わる肌のコンディションに合わせ、使うべきスキンケアも変えてみましょう。

column 1

TRAVEL PREPARATIONS

Nana流韓国旅のしたく

CHECK LIST

TO DO
— まずはこれ！やることリスト —

- ☐ 航空券予約
- ☐ eSIM購入
- ☐ ホテル予約
- ☐ 行きたい場所リストを作る
- ☐ クリニック予約
- ☐ 持ち物をつめる
- ☐ 使える5大アプリを入れておく

私は航空券とホテルは別々に、比較アプリや航空会社、ホテルのアプリなどを複数使って取り、ポイントを貯めます。また、マイルで渡韓も。クリニックを予約してeSIMを購入、行きたい場所を検索しまくります（笑）。

 NAVERマップ
 Papago
 Kakao Talk
 WOW PASS
 Subway Korea

BAGGAGE
— 忘れると痛い！持ち物リスト —

- ☐ パスポート
- ☐ WOWPASS & T-money
  - ＊持っていない人は現地で作れるよ！
- ☐ 洋服・下着・靴下
- ☐ スキンケアコスメ
- ☐ メイク道具
- ☐ コテ
- ☐ 充電器・変圧器（プラグ）
- ☐ ティッシュ＆ウェットティッシュ
- ☐ 歯ブラシセット
- ☐ マスク
- ☐ アメニティグッズ

> 韓国のホテルでは、歯ブラシだけでなくシャンプーなども有料のところが増えてきたよ

2泊3日・韓国ひとり旅
Nanaのスーツケースの中身！

2泊3日で韓国ひとり旅をするときの私のスーツケースと中身を公開します。
スキンケア＆メイクのスタメンから持っておくと便利なアイテムまで。参考になるとうれしいです！

実際にパッキングしたスーツケースを大公開！

韓国に持っていくスキンケアスタメン

左からラゴムとバニラコの洗顔料、AESTURAのミストと水分クリーム、センテリアン24とメディキューブとSKIN1004とI'M MUSEの美容液、リジュビネックス、エスネイチャーとDr.Gとバイオヒールボとl'M MUSEのクリーム、あざクリーム、ラネージュのスリーピングマスク、美顔器、リジュダーマの再生クリーム＋パック。

私が持っていく必須アイテム！

（写真右）1人渡韓は撮影用に三脚があると便利。また韓国のプラグ付き充電器も。（写真左）大きめのマスクとキャップは、ダウンタイムが必要な施術の日に顔をしっかり隠せて◎。日焼け止めもマスト。（写真下）洗濯ネット。着たものを入れて持ち帰ればそのまま洗濯できて便利！

ハンドバッグの中身はコレ！

ハンドバッグの中に忍ばせているものたち。ピンクのメッシュポーチの中にパスポートやお金、カード類をまとめています。また、撮影している時間も長く、充電がすぐに切れてしまうため、モバイルバッテリーも必ず持ち歩くようにしています。リップは、2種類を愛用中です。

column 2

SEOUL MAP

＼ 本書紹介スポットがダウンロードできる！ ／

Nanaのソウルマップ

渡韓のときに私がよく行くエリアをピックアップしました。
また、下のQRコードから本書に登場する美容スポットや飲食店、
ショッピング情報、撮影したフォトスタジオのエリアをまとめたマップを共有します。
ダウンロードしてみてくださいね！

＼ Nanaがよく行く ／
エリアのお目当て

- 空港
- アパレルショップ
- 美容クリニック
- カフェ
- 市場や屋台
- コスメ系ショップ
- エステやマッサージ
- ショッピングビル

南大門 / 明洞 / 東大門 / 弘大 / 金浦空港 / 梨泰院 / 汝矣島

レストランやホテルは各地にたくさんあるので、目的に合わせて選んで。

龍山(ヨンサン)・漢南(ハンナム)エリア

素敵なカフェや
＼ デザートを求めて♡

scooper gelato

Lilion

ファッションの中心地で、雑貨、コスメブランドのショールームなども立ち並ぶ龍山・漢南エリア。お洋服もかわいいけれど、おいしいベーカリーやジェラート店などお気に入りのショップを見つけるのも楽しい！

＼ ここからダウンロード！ ／

本書に掲載のお店をまとめました！
※NAVER Map と Google Map を使用

022

\ 話題のショップも多いよ！ /

- 安国・
  景福宮
  エリア
  （アングク・キョンボックン）

NONFICTION　MAISON OUVERT SEOUL　AMOR NAPOLI

韓国の伝統的な家屋である韓屋（ハノク）が立ち並ぶ安国・景福宮エリア。歴史的な建築物はもちろんのこと、人気のコスメブランドからカフェ、グルメまでまるっと楽しめます。特にカフェは行列店がたくさん！

\ コスメも洋服も♡ /

- 聖水エリア
  （ソンス）

SOMEWHERE BUTTER.　AMORE Seongsu　JUUNEEDU　HOUSEAND

ソウルで一番ホットな場所と言えば、聖水エリア。平日でも多くの人であふれかえっています。アモーレのショールームがあったり、お気に入りのファッションブランドも集まっているので必ずチェックしに行きます。

- 狎鴎亭・
  新沙
  エリア
  （アックジョン・シンサ）

\ 毎回必ず訪れるエリア /

sinoon　JUNG SAEM MOOL　YOU NEED MY YOGURT

江南に滞在することが多いので、足をのばしやすいのが狎鴎亭＆新沙エリア。ファッション、コスメ、グルメと何でも揃います。中でも大好きなグリークヨーグルトのお店ではシーズンごとのメニューを楽しみます。

- 江南エリア
  （カンナム）

\ 美容医療のメッカ！ /

シャインビーム　　　ドクター美

私の韓国旅の中心となるのが美容医療の街、江南エリア。普段通っている皮膚科やクリニックはほぼこのエリアに集結しているので、滞在先もこのあたりにすることが多いです。街ゆく人もお肌がつるつるで刺激になります！

column 3

Walking in Seoul
ソウルの歩き方

よく質問いただく、ソウルの歩き方。電車もバスもタクシーも頻繁に来るので、ひとりで行っても、慣れてしまえば移動しやすいのがソウルだと思います。

✓ 金浦空港に着いたら

金浦空港は仁川空港よりも市街地に近く便利。時間を節約したい旅で使う空港なので、タクシーを利用してホテルに向かうことが多いです。30分ほどで到着することもありますが、韓国の道は渋滞するので注意。特に帰りは余裕をもって出発しましょう。節約を意識したいなら地下鉄を検索してみて。

✓ 仁川空港に着いたら

LCCでお世話になることが多い仁川空港。安価に韓国旅を楽しめます。市街地から離れているので、時間に余裕をもって計画を立てます。私は重いトランクを持って電車に乗るのがストレスなので、リムジンバスを活用！ 空港出口を出ると券売機があり、いろいろな行き先のバスが選べます。地図アプリで目的地を入れてバスを検索すると簡単。

日本語機能付きでクレジットカードも使えるので買うのが簡単。

✓ 韓国のタクシー事情

最近の韓国は流しのタクシーよりもアプリで呼ぶのが主流。タクシーアプリをダウンロードしておくと◎です。運転手さんは韓国語オンリーのことも多いですが、アプリで行き先を入力しておけば、伝達ミスも防げます。ひとり旅のときは特に安全のためにもアプリを使うようにしています。

カカオタクシーが主流。ウーバーも普及している。

Kakao T　Uber

✓ 街歩きはメトロが便利

街歩きにはメトロを利用するのが便利です。こちらもアプリで路線や乗り換えを検索すれば簡単。日本と同じく交通系電子マネーが便利なので、カードを1枚買ってチャージして使うと楽です。安くて渋滞もないので正確。改札周辺の地下街ショッピングも楽しいです。

カードでなく、キーホルダータイプのものも！

キャラクターのかわいいカードも豊富で楽しい♪

✓ とにかく歩く！

旅先での20〜30分は私は楽々歩いてしまいます。街を見ながら歩くのは楽しいし、疲れたらカフェで休憩♪ そのためにも、足元は常に歩き慣れたスニーカーがマストです！夏はスポサン、ブーツも歩きやすいヒールなしを持っていきます。

CHAPTER

01

意外と知らない
知識と心得15か条

基本編
ホームケア編
美容医療編

CHAPTER・01

(基本編)

1

" バズを疑え！
「人気＝いい」は勘違い "

化粧品選びにおいて「SNSで流行っているから」「売れているから」と選ぶ方が多いように感じます。でもそれって、自分の肌に向き合えていない。**「みんながいいと言っている＝自分の肌にいい」ではない**のです。例えば、皮脂を抑えるべきなニキビ肌の人が油分の多いクリームを塗っていたらきっと改善しないはず。最近「レチノール」がトレンドで私も愛用していましたが、今の肌には必要がなくなったのでお休みしています。**肌タイプは人それぞれで、自分に合うものでないと、高価な化粧品もムダになり、むしろダメージを与えてしまう可能性も。**

― 意外と知らない知識と心得15か条 ―

あなたの肌タイプはどれか、
そして必要な成分は何かを知ることが、美肌への近道

敏感肌　　乾燥肌　　普通肌　　混合肌　　脂性肌

⇨ 肌タイプを知ろう p042 へ

(基本編)

2

あなたのお肌が欲している成分を知れば勝ち

韓国美容に沼っていくにつれわかったことは、**美肌になるために希少なものや高価な成分は決して必要ない**ということ。私もかつては自分に合う成分が何かわからず「高いからきっといいはず」という根拠のない理由で、5万円もする高級クリームを使っていたこともありました。だけど残念ながらまったく効果を感じませんでした。私の肌はインナードライ（混合肌）よりの乾燥＆敏感肌。必要なのはヒアルロン酸とセラミド、コラーゲンとわかった今、使っているコスメはひとつ2千〜3千円程度で済んでいて、今までで一番肌の調子がよいです。

CHAPTER・01

(基本編)

3

" 朝のメイク前
肌の温度は下げたほうがいい "

「肌の温度」、気にしたことはありますか？ 以前、韓国で撮影した際にヘアメイクさんから「肌の温度が高くなると水分が奪われて、メイクが崩れやすくなるので、なるべく手で顔を触れないようにしている」と教えてもらいました。ベストな温度感は、顔に触ったときにひんやりするくらいだそう。私はその日から、もともと愛用していたセルフュージョンCのクーリング用のトナーパッド（5.7℃下げてくれる）を、朝のメイク前のスキンケアルーティーンでスタメン入りさせています。メイク乗りのよさ、日中の崩れにくさを実感します。

（意外と知らない知識と心得15か条）

セルフュージョンC
クーリングパッド

(基本編)

4

最近よく聞く「ビニール肌」は知覚過敏!?

「ビニール肌」って知っていますか？ 一見、つやがあり美しいようですが肌が薄く、まるでビニールのようで、乾燥がひどいダメージ肌のことです。このワードをたびたび耳にするので「私もビニール肌かも!?」と思い、韓国の美容クリニックで相談したところ「ビニール肌って何!?」と言われ驚かれました。そもそも韓国にはビニール肌という言葉が存在せず、先生に説明したところ、ビニール肌は過剰なホームケアやピーリングを繰り返したことが原因だそう。普段、レチノールなど刺激の強いコスメを使っていて、パックをするとしみる人は要注意！

CHAPTER・01

(基本編)

5

"コラーゲン不足は万病のもと"

コラーゲンが肌にいいのは昔から知られている事実ですが「レチノール」などのトレンド成分に流されてその必要性が軽視されているような気がします。年齢を重ねて**コラーゲンが不足してくると、シワやたるみだけでなく、シミやくすみ、毛穴の開きなど、すべての肌悩みの原因**につながります。ここ最近、私はコラーゲンを増やすために、普段からレーザーやスキンブースターなどの肌管理、サプリメントやコスメなど、**多方面から積極的にコラーゲンをとる**ようにしてきました。その結果、ずっと悩んでいた縦毛穴が劇的に改善したのを実感！

意外と知らない知識と心得15か条

（ ホームケア編 ）

化粧水は、バシャバシャ使えばいい⁉

「化粧水はたっぷり使う」。これは基本中の基本ですが、ただ単にバシャバシャ使えばいいというわけではありません。まず**少量を手にとり、それを何度も重ねるのが正しいやり方です**。これを「レイヤリング」と言いますが、私は最低3回はレイヤリングするようにしています。そうすることで化粧水の肌への浸透力がぐっと高まるからです。**化粧水は自分の肌に必要な成分が配合されたもので、かつたっぷり使える価格帯のものを選び、レイヤリングするのが正攻法**。まずは手持ちのコスメで試してみてください。きっと違いを実感するはずです。

CHAPTER・01

（ホームケア編）

> ニキビはできるだけ触らず
> 皮膚科に頼りながら
> パッチも取り入れる

ずっとニキビに悩んできた私は、韓国の皮膚科で治療し改善しましたが、たまに小さなニキビがポツッと顔を出すことも。そんなときはニキビパッチも取り入れます。パッチには種類があり、ニキビができたばかりで痛みがない（化膿性ではない）ときや、皮膚科で膿を圧出したあとにはハイドロコロイドタイプを、目立つニキビには鎮静効果に優れたマイクロマグネシウムニードルタイプのパッチを選びます。炎症の原因になる手の雑菌などから守ることができ、ニキビ跡が残りにくくなるので手放せません。

（意外と知らない知識と心得15か条）

\ 愛用している
ニキビパッチ /

イージーダム
ビューティー パッチ
（ハイドロコロイド）

イージーダム クイック
カーミング パッチ
（マイクロマグネシウム
ニードル）

032

(ホームケア編)

8

意外と知らない？
コスメを重ねる順番
さらさら→こってり

コスメは一般的にさらさらしたテクスチャーの化粧水から、とろとろとした美容液・乳液、こってりしたクリームというように、**粘度の低いものから順番に塗っていくのが基本**です。また、色によってもスキンケアコスメの濃度が判断できると知っていましたか？ 水のようなテクスチャーは水分ベース、乳白色のものはオイルベースで、白に近いほどオイルの含有量が多く、粘度が高いといえます。なお、**コスメの重ね使いは必要な成分を補えるものではない場合、栄養過多で肌にダメージを与えることもあるので、組み合わせには注意が必要**です。

CHAPTER・01

（ホームケア編）

量や種類が多ければ いいってわけじゃない！

意外と知らない知識と心得15か条

先日、SNSで『コスメは配合されている成分の種類や量が多いほうがいい』というような内容の投稿を見ました。それは本当かな？と疑問に思い、韓国コスメ企業に伺ったところ、この考え方は誤っている部分も多いとわかりました。「成分によっては複合的に配合されているほうがいいものも確かにあります。ただ、いくら種類や量がたくさん入っていたとしても、自分に必要な成分が少ししか入っていなかったら意味がありません」。ごもっともです。やはりまずはどの成分が自分の肌に必要なのかを知ることが大切だと実感しました。

(ホームケア編)

10

シートマスク使いこなし技！「乳液仮面返し」をアレンジ

美容家の小林ひろ美さんが提唱され、田中みな実さんも実践し火が付いた、シートマスクと乳液を使った**「乳液仮面返し」**（ご存じない方はググってみてください）。私は、普段、乳液を使っていないので、鎮静系の**クリームを使ってアレンジしたり、韓国ではおなじみのモデリングパックを美容クリニックのマネをしてシートマスクの上から重ねます。**また、シートマスクを使うときもあれば、ガーゼタイプで部分使いできて便利なパッドを使うことも。パックをしている間はカッサやローラーを使ってボディケアを。時間は有効に使ってキレイになりましょう☆

CHAPTER・01

(美容医療)

11

❝続ける韓国人
続けない日本人❞

意外と知らない知識と心得15か条

韓国の美容医療の先生方によく言われるのが「**1回では自分の理想通りにならない**」「韓国人はコツコツ通うけれど、日本人は続けない人が多くもったいない」ということ。私は先生方にアドバイスをいただいた通りに施術を続け、肌が劇的にきれいになりました。**美容医療もスキンケアもサプリメントも、すぐに効果が出なくても信じて続けることで変われました**。毎日鏡を見ているだけでは変化があったか自分ではよくわからないものです。向き合うのは嫌なものですが、写真や動画で記録しておくと、自分の進化を実感でき、モチベーションになります。

(美容医療)

12

ちょっと待って！
顔の脂肪は財産です

小顔施術としての脂肪吸引が人気ですが、それ、すごくもったいないです！ 一度取ってしまった脂肪は戻ってこないということを意識してください。年齢を重ねるとだんだんと脂肪が落ちていき、頬がコケてしまうのに、今ある大切な脂肪を取ってしまったら、また入れる作業が必要になります。カウンセリングをきちんとして、脂肪を取るのは必要と判断された場合だけにしてください。まずはインモードFX（脂肪細胞を小さくする効果が期待できるレーザー）など、比較的手軽なものから試してみることを強くおすすめします。

CHAPTER・01

（ 美容医療編 ）

13

"混ぜるな危険！
一緒にやってはいけない
施術もある"

（ 意外と知らない知識と心得15か条 ）

私のように韓国に足を運んでいろいろな美容クリニックをはしごする方も多いと思います。しかし、そこで気を付けなければいけないのが、**一緒に（またはそのあとに）受けてはいけない施術がある**ということです。例えば、ボトックスのあとのレーザー。ボトックスは熱に弱いので、そのあとにレーザーを受けると、せっかく受けたボトックスの効果が弱まってしまいます。施術を受ける前には、**カウンセリングで質問されなくても、必ず最近どんな施術を受けたのか**をしっかり伝えるようにしましょう。

(美容医療編)

14

デコルテまでが顔です

スキンケアを知るうえで、この言葉を耳にすることがあると思います。**化粧水やクリームは首やデコルテまで塗り、しっかり保湿ケアしましょう**ということですが、私の場合は、**美容医療も首やデコルテまで行うようにしています**。きっかけになったのは、**韓国の人は首、デコルテ、目の内側にできるシワで年齢を判断する**と聞いたこと。私は首にバイリズン注射とスキンボトックスを打ったところ、深かったシワが劇的に改善され、最近では首を褒められるように。首のシワにも種類があり、自分に合ったケアでスローエイジングを楽しみましょう。

CHAPTER・01

（ 美容医療編 ）

15

" 肌管理は
「したあとのケア」が超大事 "

美容医療は、その後のケアで効果の出方や回復の早さが左右されると思っています。日本で肌管理をしていたときは「しっかり保湿をしてください」とだけ言われることが多かったのですが、韓国ではダウンタイムがあるときは「再生クリームを必ず塗ってください」、レーザーを受けたあとは「水分系のアンプルやクリームをたっぷり塗ってください」と言われます。私は、韓国美容に触れるようになり、再生クリームや水分の魅力を知りました。ただ十分に保湿をするだけでは得られない回復の早さを実感していて、手放せない存在になっています。

（ 意外と知らない知識と心得15か条 ）

CHAPTER

02

肌診断をしてみよう!
肌診断チャート

CHAPTER・02

肌診断チャート

今すぐあなたの肌タイプがわかる！

→ はい
→ いいえ

美肌への第一歩は、自分の正しい肌タイプを知ること。これを知らないと逆効果のケアをしてしまう恐れも…！医師監修のもと、あなたの肌はどのタイプかを簡単にチェックできる簡易チャートを作りました。実際にやってみると「意外と自分の思い込んでいた肌タイプが間違っていた」ということも。美容クリニックで診断してもらうのが一番正確ですが、まずは自己診断で自分の肌を見つめてみましょう。

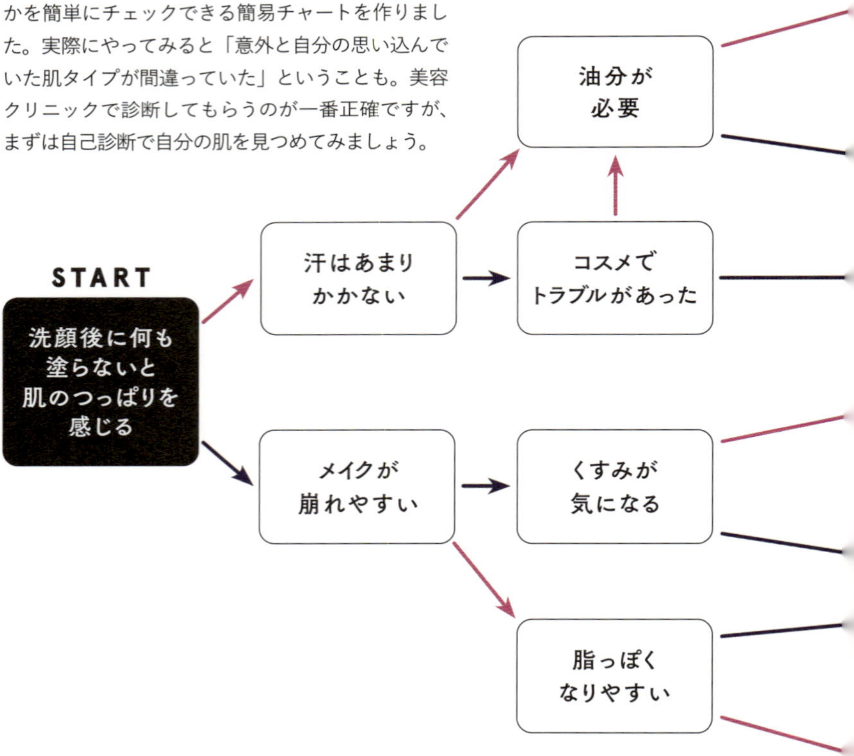

（肌診断をしてみよう）

START
洗顔後に何も塗らないと肌のつっぱりを感じる

- 汗はあまりかかない
  - → 油分が必要
  - → コスメでトラブルがあった
    - → 油分が必要
    - →
- メイクが崩れやすい
  - → くすみが気になる
  - → 脂っぽくなりやすい

※肌診断チャートは、あくまでも一般的かつ簡単にチェックするために制作されたものですので、人によっては実際とは異なる結果が出る場合がございます。しっかりと正しい肌診断をするうには、美容クリニックなどの専門的な診断が可能なところで行うことをおすすめします。

— *Check!*

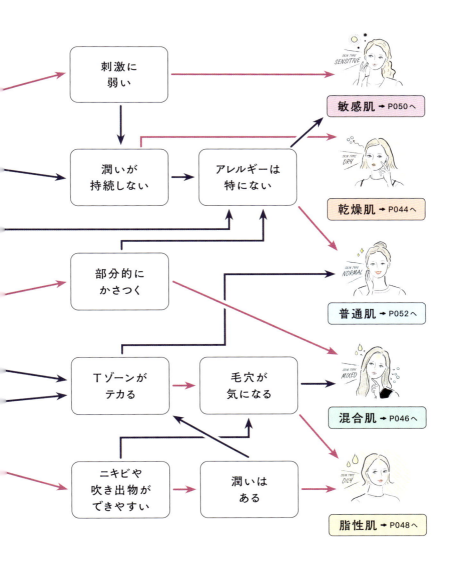

CHAPTER・02

あなたに必要なのはこの成分！
毎日のスキンケアの選び方

p042〜043の肌診断結果に合わせて、自分に一番のケアを習得しましょう

（肌診断をしてみよう）

Type 1

乾燥肌タイプ

一般的に水分量も油分も少なく、カサカサしているか、肌がつっぱるような感覚があり乾燥を感じやすいタイプ。特に目元の小ジワが目立ちやすく、冬になると頬や口周りに粉をふいてしまうこともあります。季節にかかわらず年中乾燥していると感じている人が多いはず。乾燥で肌がひりひりすることも。

Components
必要なのはこの成分

ヒアルロン酸	肌の奥の水分を蓄えてくれる。主に肌の真皮層に含まれる成分で、十分にあると肌の弾力を維持し潤いを保ってくれる。足りないと肌がガサガサになってしまう。
セラミド	こちらもマストな成分！肌の一番上、表皮の角質層に存在する成分で肌のバリア機能を高めダメージを受けにくい肌に導いてくれる。水分や油分を抱え込む働きもある。
コラーゲン	タンパク質の一種で肌の土台となる成分。細胞同士をつなげて支え、肌の弾力を保ってくれる。不足するとシミやシワ、たるみなどあらゆる肌悩みの原因に。
パンテノール（ビタミンB_5）	吸湿性があり水分の蒸散量を減らすため、肌の潤いを保ってくれる。また炎症を抑えるので乾燥によるかゆみを軽減する効果も期待できる。
グリセリン	ヒアルロン酸と組み合わせて使うと相乗効果が期待できる保湿成分。肌荒れを抑えてくれる効果もあり、肌への刺激が少ないので、敏感になった肌にもOK。

Skincare
毎日のスキンケアはこれ

1. クレンジングはバームやミルク、洗顔料は弱酸性の優しい成分で

皮脂の落としすぎに注意。弱酸性の洗顔料を泡立てなでるように洗い、ぬるま湯で流しましょう。熱いシャワーは厳禁！

2. 洗顔後は化粧水で一刻も早く保湿を！

洗顔後は一分一秒でも早く保湿をして肌をガード。化粧水を少量取って何度もレイヤリングし、肌に潤いを届けて！

3. 高保湿成分配合の美容液でケア

美容液はヒアルロン酸などの高い保湿力があるものを。肌がごわつくときはその前にふき取り用パッドでふき取ると◎。

4. 乳液またはクリームで水分を逃がさない

美容液のあとは、乳液またはクリームで肌に届けた水分が逃げないように蓋をするのをお忘れなく。水分クリームでも OK。

5. ごわついたときもスクラブの使い方に注意！

肌がごわつくと、スクラブを使いたくなりますが、乾燥がひどくなることも。敏感肌用の角質用パッドでふき取りするのも◎。

✦ 日焼けにご注意！

乾燥肌の天敵、日焼け。肌の温度が上がると肌の水分の蒸散につながり、さらに乾燥することに。日焼け止めは毎日必ず使うべし。

Cosme Item
コスメの選び方

✦ 肌の温度を下げるパッドも取り入れる

肌の温度が上がると水分蒸散の原因に。クーリング成分入りのパッドなども有効。

✦ 日焼け止めは年中マスト

強く乾燥を感じる日はクリームタイプ、そうでない日は水分系と使い分けて。

✦ ヒアルロン酸、セラミド、コラーゲンは必須！

化粧水、美容液、クリームを選ぶときは保湿成分がしっかりと配合されたものを！

注意したいこと　ストレスや睡眠不足、偏った食事などの生活習慣の乱れも乾燥肌の原因に。また、冬の乾燥だけでなく夏はエアコンなどの外的な環境の乾燥にも要注意。外出先でもミストなどを持ち運ぶと◎。

CHAPTER·02

Type 2

混合肌タイプ
（インナードライ）

油分はあるのに水分量が少ない肌のことで、肌内部の水分が不足しているために肌の水分を守ろうと皮脂が過剰に分泌されている状態。特にTゾーンと呼ばれるおでこと鼻には油分が浮いてテカりやすいのに、目の周りや頬は乾燥してつっぱりを感じるなど、部分的に肌のコンディションが異なるタイプです。

（ 肌診断をしてみよう ）

Components
必要なのはこの成分

| ヒアルロン酸 | 足りない肌の水分を加えて、ぎゅっと保持してくれる成分。角質層に潤いを与えてくれるので肌の治安維持にはなくてはならないもの。積極的に取り入れたい。 |

| セラミド | 肌に潤いをため込む保湿機能と、日光や花粉、ほこりなどといった外の刺激から肌を守ってくれるバリア機能をあわせ持つ成分。肌トラブルも防いでくれる。 |

| スクワラン | もともと皮脂にも含まれる成分のひとつ。保湿だけではなく、バリア機能を高めてくれたり、肌を柔らかく保ったりする効果も期待できる成分。 |

| ドクダミ | 過剰な皮脂の分泌を抑える成分。また抗アレルギー作用や、ヒアルロン酸を作り出してくれる効果も期待できるので、混合肌にぴったりの成分。 |

Skincare
毎日のスキンケアはこれ

1 クレンジングはバームタイプがおすすめ

Tゾーンとそれ以外で使い分けられたらベストですが、正直面倒。おすすめはバームタイプ。洗浄力と保湿力のバランスがいい。

2 洗顔は、洗いすぎにご注意あれ！

テカるからと洗顔しすぎは肌の潤いを奪ってしまう原因に。Tゾーンは洗顔フォームを、他はぬるま湯で洗うなどもあり。

3 お風呂からあがったら化粧水ですぐ保湿

お風呂からあがったらなるべく早めに化粧水で保湿を。乾燥したままだとバリア機能がさらに低下して肌トラブルの原因に。

4 美容液は部位によって成分違いを使い分けるのが賢い

Tゾーンにはドクダミなど水分を与えて油分を抑えるもの、乾燥する部分にはヒアルロン酸などの水分系を使い分けよう。

5 乳液かクリーム、両方使いはか肌に合わせて

肌の状態に合わせて、乳液かクリーム、または両方を使って水分を逃がさないようにする。水分クリームを使うのもあり。

✦ あぶらとり紙は使わないほうがベター

テカると使いたくなるあぶらとり紙は、実は必要な油分まで吸収してしまうことも。気になる部分は、優しくティッシュオフ。

Cosme Item
コスメの選び方

✦ ふき取り＆保湿パッドをW使い

テカる部分はふき取り系のパッド、それ以外は保湿系パッドを合わせ使い。

✦ 乳液かクリームは必須

スキンケアの締めには乳液かクリームがマスト。水分の蒸散を防いでくれる。

✦ 化粧水や美容液は保湿力の高いものを選ぶ

ヒアルロン酸などの保湿力の高い成分も必要。バランスの整った肌を目指そう。

✦ 皮脂を抑えるコスメを併用するのもあり

小鼻やおでこなどテカる部分だけ皮脂を抑える成分が配合されたコスメを使うと◎。

注意したいこと 混合肌は、季節の変わり目やストレス、ホルモンバランスの乱れから起こる場合もあり外からも内からもケアするのが理想です。また睡眠不足も大敵。カフェインを含んだ飲み物は控えめに。

CHAPTER·02

Type 3

脂性肌タイプ

油分が多く乾燥は感じにくいけれど、皮脂の分泌量が多いので、テカリが出たりニキビができやすいタイプ。また、水分不足で乾燥がひどく、肌の水分を守ろうと油分が顔全体に多く出てしまう肌タイプも含まれます。肌がもともと持っている天然保湿因子（肌に水分を留める力）が少ない可能性もあり。

（肌診断をしてみよう）

Components
必要なのはこの成分

ジンク（亜鉛）	皮脂の生成が正常化されるので、テカリやニキビの原因となる過剰な皮脂分泌を抑えてくれる。また、抗炎症効果があり、できたニキビや赤みを落ち着かせる。
BHA、AHA、PHA	ピーリング成分。過剰な皮脂分泌によって厚くなってしまった肌の角質をスムーズに整える。脂性で敏感肌の人の場合は、肌に優しいPHAがベストチョイス。
ナイアシンアミド	もともと美白成分として人気だったが、開いてしまった毛穴の引き締めに一役買ってくれる成分として注目を集めている。肌のくすみ対策にもおすすめ。
シカ（ツボクサ）、ティーツリー	皮脂の分泌をコントロールして、できてしまったニキビなどの炎症を緩和する効果が期待できる。肌全体のコンディションを整えてくれる効果もあり。

Skincare
毎日のスキンケアはこれ

1 洗浄力の高いクレンジングは必要ない

洗浄力が高いと必要な油分まで落として乾燥しさらにテカる。メイクや余分な皮脂を落として保湿もできるものがベター。

2 クレイタイプや炭入りの洗顔料も取り入れる

クレイタイプや炭入りの洗顔料は、肌表面の汚れと皮脂を吸着するのにとても優れているので、積極的に取り入れたいアイテム。

3 ふき取りパッドで優しく角質ケア

ふき取りパッドで余分な角質を落とすのも有効。ただ、肌に乗せたら力を入れずにそっと滑らせるだけ！取りすぎは絶対NG！

4 シカ成分や毛穴対策用美容液を使う

美容液は、余分な皮脂の分泌を抑えてくれる成分が配合されたものや、毛穴に特化したタイプを使うのが最適解。

5 乳液または水分クリームで蓋をする

スキンケアの最後には、濃厚でない軽めの乳液か水分クリームを。せっかく入れた水分や有効成分が蒸散しないために大切。

韓国流「3ステップスキンケア」を試すのもあり

韓国では化粧水・乳液をスキップするケアもトレンド。ふき取りパッドでふき取り→皮脂や毛穴の広がりを抑える美容液→水分クリームの順もおすすめ。

Cosme Item
コスメの選び方

◆ 油分の多いコスメは避ける

オイルや濃厚なクリームはテカリの原因に。ジェルや水分クリームに変えると◎。

◆ 皮脂の分泌を抑える＆毛穴用コスメを選ぶ

過剰な皮脂分泌を抑えてくれる成分、毛穴ケアができるコスメを選ぼう。

◆ ピーリング成分が入ったパッドで角質ケアを

古い角質が残ると毛穴が詰まる悪循環に。ふき取り系のパッドで優しくケアしよう。

◆ クーリング成分配合のシートマスクも有効

肌の温度を下げてくれるアイテムも有効。皮脂の分泌を抑えてくれる効果も！

注意したいこと　毛穴はケアしすぎるのも実はよくない。上記でも記載したように、特にクレンジングオイルには要注意。必要な皮脂まで落としてしまうほか、洗い残しが原因でニキビができることもあり。

CHAPTER・02

Type 4

敏感肌タイプ

少しの刺激でも赤みやかゆみなどが出てしまうタイプ。アトピー性皮膚炎と診断されたことがある方、化粧品で肌荒れを起こしたことがある方はここに含まれる場合が多いです。肌がもともと持っているバリア機能が低下しているので、それを回復させるための成分を取ることが最重要。

（肌診断をしてみよう）

Components
必要なのはこの成分

セラミド	低下したバリア機能を回復してくれる主要な成分がセラミド。敏感肌なら必ず取り入れたい成分。コレステロールなどと組み合わせることでより効果を発揮。
コレステロール	セラミドと同様バリア機能の回復に欠かせない成分。外部環境や刺激から肌を守りながら、一定の水分を保持する。また、肌を柔らかくしてくれる役割も担っている。
脂肪酸	肌の水分を逃がさないようにするために必要な油分の原料となるもの。セラミドやコレステロールと一緒に取り入れたい成分。
シカ（ツボクサ）	赤みやかゆみなどの炎症を抑えたり、炎症が出ないように肌を整えてくれる成分。敏感肌でも使えるような優しい処方で作られているコスメが多いのも特徴。

Skincare
毎日のスキンケアはこれ

1 ミルクやクリームタイプで クレンジング

オイルタイプは洗浄力が強く、濃いメイクでないなら低刺激のミルクやクリームタイプを併用して。肌への負担が減らせる。

2 洗顔は低刺激タイプで 優しく洗う

しっかり泡立ち肌への負担が少ないもので優しく洗うのが鉄則。特に透明タイプの石けんは保湿成分が多く肌への刺激も少ない。

3 高保湿成分を 使った化粧水でしっかり保湿

セラミド、ヒアルロン酸、コラーゲンなど潤いを保つ化粧水で保湿。少しずつ手に取ってレイヤリングすると浸透力アップ。

4 美容液でバリア機能を サポートまたは水分を補給

セラミドやコレステロールなどバリア機能の回復に役立つものや、ヒアルロン酸などの水分アンプルを併用して肌に潤いを+。

5 乳液やクリームまたは W使いで蓋をする

スキンケアの最後に欠かせない乳液・クリーム。油分があるコスメで肌に入った水分や有効成分が逃げないようにしよう。

✦ 実は、保湿クリームだけでもいい

敏感な肌に刺激は禁物。特に炎症が起きているときはワセリンや乳液、油分の多い保湿クリームだけのほうがいい場合も。

Cosme Item
コスメの選び方

✦ なるべく刺激の少ない 敏感肌用を選ぶ

少しの刺激で反応が出てしまうので、低刺激な敏感肌用製品を使いたい。

✦ ふき取りタイプは避ける

便利なふき取りタイプのトナーやパッドは、摩擦が肌への刺激になるので避けよう。

✦ 刺激が強いものを 試すときはパッチテストを

レチノールやビタミンCなど強い成分を使うときはパッチテストをしてから。

✦ 市販のピーリングは 使わなくてもいい

普段使いはしなくてよし。ごわついたらクリニックでケアしてもらうのが◎。

注意したいこと 敏感肌は実は正しい定義がない言葉。わずかな刺激でも敏感に反応して肌トラブルを起こすもので、一時的な状態も含める。顔だけでなく頭皮を含めた全身を毎日ケアすることを忘れずに。

CHAPTER·02

Type 5

普通肌タイプ

水分も油分量もちょうどよくベストバランスな肌。肌悩みが少ないタイプです。乾燥は感じにくいけれど、普段のスキンケアを怠ったり、季節が変わることで肌のコンディションが変化しがちで、乾燥肌にも混合肌にもなりかねない点には注意が必要。肌が丈夫だと思って過剰な成分を使いすぎないように。

（肌診断をしてみよう）

Components

必要なのはこの成分

| セラミド | 肌のバリア機能を支えてくれる成分。季節や外的な環境要因（花粉やほこり、PM2.5）などの刺激から肌を守ってくれるため、ベースのスキンケアとしてとりたい。 |

| ヒアルロン酸 | 肌の水分をしっかりと保持するために必要な成分。みずみずしいテクスチャーのコスメが多く、手持ちのコスメと組み合わせやすいため使い勝手がよいのも魅力。 |

| コラーゲン | 肌に弾力やハリを与えてくれる成分。コラーゲンが減るとくすみやシミ、しわ、毛穴の開きの原因に。コスメに使われるコラーゲンは肌の乾燥を防ぐためのもの。 |

| シカ | 炎症が起きないようにバランスのいい肌のコンディションを保ってくれる。またコラーゲンの生成を助けるので肌の弾力やハリ、キメを整える効果も期待できる。 |

Skincare
毎日のスキンケアはこれ

① 好みのクレンジングで優しくオフ

クレンジングは、洗浄力の強いオイルやリキッドタイプなどどれを選んでもOK。メイクの濃さなどで使い分け優しく洗おう。

② 好みの洗顔料を使いぬるま湯で丁寧に洗う

顔が濡れている状態で、好みの洗顔料で60秒程度で洗うのが基本。お湯の温度は30〜32℃のぬるま湯で洗い流して。

③ 保湿優先の化粧水でバランス肌をキープ

肌トラブルが少ないからと保湿を怠ってはせっかくの美肌が台無しに。保湿を重視した化粧水でしっかりケアしよう。

④ 肌の状態に合わせた美容液を投入

乾燥が気になるときは水分系、弾力不足が気になるときはハリ感を出すものなど肌状態で使い分けたり、組み合わせてみよう。

⑤ 乳液&クリームは季節で使い分ける

季節に影響を受けやすい普通肌。夏はさっぱりした乳液のみ、冬は乳液とクリームを併用するなどコンディションで変えて。

夏のUVケアは特に念入りに！

ひどい日焼けの可能性がある夏のUVケアは特にご注意を。日焼けによるダメージで乾燥肌に傾いてしまうことも！

Cosme Item
コスメの選び方

✦ 基本の保湿成分をきちんと取り入れる

セラミドやヒアルロン酸、コラーゲンなどの基本の保湿成分がおすすめ。

✦ 特別な成分を使ってもいいけど……

刺激が強いビタミンCなどの成分は、試すのはあり。ただし使い続けるには注意。また、少し足りないかなくらいで止めるのが肝！

✦ 季節によって美容液で微調整を

夏は余分な皮脂の分泌を抑える美容液、冬は保湿力の高い美容液など季節で変えてみるのも◎。

注意したいこと

普通肌は、特別なことをしなくても肌悩みが少ないからこそ油断しがち。自分の肌は大丈夫と安心しきらず、基本のケアを続けて今の状態を保つことを心がけて。刺激の強いものはほどほどに。

CHAPTER・02

SHEET MASK

オリーブヤングで全種類購入したから推せる！
シートマスク図鑑

私もみんなも大好き（であろう）シートマスク。
オリヤンで全種類購入して、3か月にわたって試しまくってきたからこそ見えてきた、
実力派のシートマスクを厳選しました。

（肌診断をしてみよう）

オリヤンで
シートマスク
自腹買い

私、シートマスク愛がすごいんです

自宅で気軽に肌管理をしてきたかのような肌になれるのが、シートマスクのいいところですよね。私は韓国に行くたび、取りつかれたかのように爆買いしています（笑）。韓国では肌質や悩みに合わせて本当にたくさんの種類が出ていて、あれもこれもと選ぶ時間も楽しみのひとつになっています。オリーブヤングのシートマスクを全種類使ってみると「これはすごい！」と、つい誰かに教えたくなるような感動するシートマスクに出合えました。今回は7つのカテゴリーに分けてピックアップしています。シートマスクの基本の使い方や、私流の使い方まで丸っとチェックしてみてください。

SHEET MASK

私の人生シートマスク！

うるうる＆透明感！

皮膚科専門ブランドのマスク！

センテリアン24
メラカプチュールマスク

つや、保湿、キメ、すべて兼ね備えた私の理想形。シートのフィット感や形、素材まで完璧です。ストックが切れると不安になります。

ダーマトリー
美白アンプルマスク

保湿しながら透明感も高めてくれる優れもの。初めて使ったときは、マスクをはがしたあとのしっとり＆うるつや具合に感動しました。

ゼロイド
スージングシートマスク

皮膚科専門ブランドのシートマスク。肌に水分補給をしながら落ち着かせたい日にはこれを選びます。レーザー治療のあとにもよく使います。

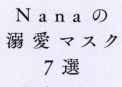

敏感肌でも安心して使える

肌にぎゅっと栄養を補給

Nanaの
溺愛マスク
7選

私が愛してやまない
シートマスクTOP7

リアルバリア アクア
スージング クリーム マスク

肌をたっぷりの潤いで満たしながら、コンディションを落ち着かせてくれるマスク。シートの素材はガーゼで、ピタッと密着するのが気持ちいいです。

メディキューブ
ディープペプチドマスク

ふんわりと柔らかな質感が心地いいシートマスク。ハリが出てキメが整い、肌がちゅるちゅるになります。肌に栄養補給をしたいときに。

しっかり水分補給したいなら

プチプラ界の天才！

AHC
マイクロピュアウォーター
ノンスリップ
マスクシート

デイリーに使える優しいシートマスクですが、効果も抜群に感じられたもの。日焼けや火照りで乾燥してしまった肌にぴったりな一枚です。

メディヒール
ティーツリー
エッセンシャルマスク

朝これを使うとメイク乗りが各段にアップします。なので、化粧をしっかりしたい朝に使うことが多い。さっぱり使えて特に夏は大活躍です。

055

CHAPTER・02

水分うるうる

砂漠のような肌にも潤いを

乾燥した肌に水分を補給したいならコレです！

（肌診断をしてみよう）

**リアルバリア
アクアスージング
アンプルマスク**

乾燥を感じるときに手に取りたくなるアイテム。しっかりと肌に水分を補給したいときにはこれに限ります。敏感肌でも安心して使えています。

たっぷりひたひたの美容液

**Abib
ガムシートマスク
水分草ヒアルロン
ステッカー**

潤いをチャージ！

シートマスクのフィット感がぴかイチなのが、Abib。肌質や悩みに合わせてラインナップが豊富ですが、全種類の中でマイベストがこれです！

**FIF
センテラ センシティブ
アンプル マスク**

これは本来肌の炎症や火照りを抑えてくれる成分が配合されたものなのですが、それと同時にしっかりと潤うので、お気に入りの一枚です。

整えてうるおいもプラス！

ピンと肌を目指す

ハリ爆誕

肌に栄養をたっぷり与えてふっくらしたハリ肌に

ハリを実感するならコレ！

**C-K-D
レチノコラーゲン低分子
300 毛穴弾力マスク**

スキンケアをコラーゲンで揃える日の最後の仕上げに愛用しています。私はコラーゲンクリームを塗ったあとにこのマスクをオン。ハリがすごい！

4時間後にはハリ爆誕

**バイオダンス
バイオ コラーゲン
リアル ディープマスク**

コラーゲン成分がしっかりと含まれたジェル状シートで長い時間おく必要あり。私は4時間ほど。コラーゲンのアンプルやクリームとも相性よき。

SHEET MASK

ふっくらした弾力肌へ

もちもち おもち

もっちりしっとりした美肌を手に入れて

しっとり&透明感アップ！

リジュラン モイスチャー トリートメントマスク

もっちもちとした質感の肌になれる一枚。肌のコンディションも整うし、透明感もアップする万能なシートは、保湿を頑張りたいときに。

ガサガサ肌ももちもちに

ナンバーズイン2番 ウォーターコラーゲン 65％ボリュームパック

乾燥が気になる冬でもしっかりともっちもちの肌を作ってくれるシートマスク。朝よりも夜のスキンケアに使うほうが効果を感じました。

Dr.G ピュア ビタミンA ファーミング マスク

シートマスクをはがした瞬間に「うわ」と声が漏れた感動の一枚。肌がちゅるんちゅるんになります。ぜひ試してみてほしいシートマスクです！

思わず声が漏れた！

輝く肌に導いてくれる

ちゅるぴか

使うたびに肌がちゅるんと輝くから楽しい！やめられない

フィジオゲル レッドスージング AI リリースマスク

肌表面のキメが整って、ちゅるんとしたもち肌にしてくれます。マスクをはがして鏡を見るたびにうれしい気分にしてくれる優秀な一枚。

使うたびにうれしくなる

ダーマトリー レチノール ダーマ バンドマスク

ダーマトリーが大好きな私ですが、このブランドにはまったきっかけを作ってくれたのがこのシートマスクです。肌がぴかぴかに輝きます。

肌にぴかぴかの輝きを

057

CHAPTER・02

憧れの白くて美しい肌へ

透明感爆誕

くすみに悩み続けた私が選ぶ美白マスクの一軍たち

（肌診断をしてみよう）

グダール
VITA-C ダークスポット
ケア セラム シートマスク

オリーブヤングで美白のおすすめを聞いて使ってみたもの。他に浮気をしても、やっぱりこれに戻ってきてしまう。安心感の塊。

透明感といえばコレ！

ブリスキン
リアルフィット
セカンドスキン マスク

セカンドスキンという名前の通り極薄のシートはフィット感抜群です。他に比べてお値段は少々張りますが、数百円で透明感が手に入ります。

特別な日の前に♡

ナンバーズイン 5番
白玉グルタチオンC
ふりかけマスク

グルタチオンのアンプルを塗ったあとに、このシートマスクで蓋をするのが私の美白ケアルーティーン。透明感爆誕とはまさにこのことです！

透明感、爆誕必至！

セルフュージョンC
ファースト
クーリングマスク

紫外線ダメージが気になる夏のマストハブです。紫外線をあびるなどで火照りを感じた日には、これを使って肌の温度を下げてあげます。

肌の温度をすっと下げる

火照った肌を優しく整える

火照り軽減

火照りは水分の蒸散に！
肌の温度を下げて整えよう

ナンバーズイン
4番ひんやり
クーリングシートマスク

脂性肌の方に特におすすめしたい一枚。ひんやりとした使い心地がさっぱりとしていて気持ちがいいです。毛穴もきゅっと引き締まる気がします！

毛穴も、きゅっと！

ハンユル
若松の木 水分鎮静
超密着 ジェリー
ラッピングマスク

肌トラブルが気になるときに使いたくなる一枚です。特に肌がゆらぎがちな季節の強い味方。超密着シートの使い心地も抜群でお気に入りです。

ゆらぎ肌の頼れる一枚

058

SHEET MASK

> 透明感爆上がり！

Nana流シートマスク講座

シートマスクの効果をどうにか高められないかと試行錯誤して見つけた
私なりの使い方をご紹介。参考になったらうれしいです！

講座 1

モデリングパックのNana流テクを伝授！

HOW TO

1. 洗顔後、化粧水で肌を整える
2. ガーゼタイプのシートマスクを貼る
3. モデリングパックをパッケージの表記通りに作る
4. マスクパックの上からモデリングパックを塗る
5. 10分〜15分後、はがしたら驚きの透明感爆誕！

講座 2

Nana流！シートマスクの使い方4ステップ

HOW TO

1. 洗顔後、化粧水で整える
2. 好きな美容液を仕込む
3. シートマスクを貼る
4. 美顔器の導入モードで美容液を入れこむ

講座 3

人生シートマスクの見つけ方 三か条！

一、オリヤンの店員さんにリサーチ
二、美容医療のカウンセラーや先生に聞く
三、自分に合う成分のマスクを試しまくる

> 自宅で気軽に！試してみてください

CHAPTER・02

WHAT'S PAD?

> 韓国では超メジャー!

便利すぎる！パッド活用術！

　日本ではまだまだ浸透していない印象のパッド。韓国では定番のスキンケアコスメとして浸透していて、オリーブヤング（韓国の国民的ドラッグストア）ではパッド用のコーナーも設けられているほど。パッドとはそもそも何ができて、どう使ったらいいのか、ブランド担当者の方々にもお話を聞きました。

> そもそもパッドは何が便利！？

1. メイク落とし＆角質オフ
2. 部分パックができる
3. アレンジできる

（肌診断をしてみよう）

韓国でパッドはメジャーすぎ！

オリーブヤングなどのドラッグストアにはパッド専用のコーナーがあるほど！人気ぶりがわかります。

　パッドには種類があり、ふき取り用と保湿用、それらが一緒になっているタイプがあります。ふき取り用の場合はパッドに凹凸があり、さっとふき取るだけで簡単なメイクオフや角質オフができて楽ちん。また朝洗顔やふき取り化粧水の代わりに使うことも。シートマスクほどのわずらわしさがなく手軽に部分パックができるのも魅力。ドライヤーをかけている間などにもさっと保湿ケアができます。具体的なアレンジ方法は下をチェック！

韓国ではこう使う！

洗顔の代わりにふき取り

韓国では、朝は洗顔の代わりにパッドを使ってふき取るだけのケアも鉄板。夜は軽いメイク落としとしても使えるものがあり便利！

手軽なパックとして

頬やおでこのほか、シートを半分に切って鼻やあごに乗せれば手軽にパックができる。シートマスクよりもずっと簡単で楽ちん！

Nanaはこう使う！

（朝）

メイク前にクーリング

肌の温度を下げると水分の蒸散を抑えることができ、油分が出にくくなり、メイクがよれにくくなる。クーリング用を愛用中。

（夜）

パーツごとに使い分け

乾燥・敏感肌なので、肌を落ち着かせたいところ、保湿したいところなどでパーツに合わせて使い分け。パッドだからできる技！

> ぶっちゃけ韓国では
> どう使われてる?

ブランド担当者に聞いた!
パッドのおすすめ使用法

セルフュージョンC
イ・ハンナさん

AESTURA
ジャン・ミンジョンさん

メディキューブPR
パク・ダヒさん

SKIN1004
宮崎あきほさん

Q.1 おすすめの使い方は?

> A 朝、洗顔&化粧水を
> パッドで完結

朝起きてパッドでふき取ることで洗顔と化粧水を同時に行うことができて便利です。パッドがあると忙しい朝に時短ができます。

Q.2 朝晩使ってもOK?

> A 朝晩、どちらも使って
> 大丈夫です!

朝はメイク前に部分パックをしてメイク乗りを高め、夜はお風呂あがりのドライヤー中に使用すると乾燥防止になっておすすめです。

Q.3 スキンケアの中で
いつ使うのが正解?

> A 洗顔後が
> おすすめです!

簡単なメイク落としができるパッドの場合は洗顔前も使いますが、基本的には洗顔後がおすすめです。韓国では、洗顔後、メイク残りや余分な角質をふき取ったり、部分パックとして使ったりするのが一般的です。

Q.4 ダウンタイム中、
ふき取りしても大丈夫?

> A 使うならば
> 保湿用パッドを!

保湿用のパッドで、肌を落ち着かせる成分が使われたもので優しくふき取るのであれば大丈夫です。ただしふき取り用パッドには注意。ピーリング成分が使用されたものもあり刺激になる可能性も。そういったものは避けましょう!

Q.5 パッドの裏技教えてください!

> A 冷蔵庫で保管して
> クーリング効果UP

パッドを冷蔵庫で保管するのもおすすめです。クーリング効果が高まりひんやりとして気持ちよく使うことができます。

> A 乳液仮面返しで
> 保湿力UP

シートマスクの上から乳液をつけ、さらにそれを裏返して貼る「乳液仮面返し」をパッドで気軽に行えます!保湿力がぐっと高まります。

column 4

Nana's SCHEDULE

\ 旅の計画の参考に♡ /

Ｎａｎａの韓国ひとり旅
ある日のスケジュール公開！

ひとりで韓国を旅することが多い私のある日のスケジュールです。
せっかく来たからには、朝から晩までずっと動き回らなきゃ損！

8:00 起床 ····▶ **8:30 スキンケア** ····▶ **9:00 ホテル出発**

10:00 朝ごはん ◀···· **9:30 ジュース補給**

新沙

新沙方面に移動。「マイルストーンコーヒー」でおいしいコーヒーと大好きなティラミスで簡単に朝ごはん。

マイルストーンコーヒー
住 ソウル市 江南区 論峴路159キル 49
営 10:00〜21:00

江南駅の地下にあるフルーツジュース屋さんでしぼりたてジュースを一杯。夏はスイカジュースがマストです！

江南

日本より
１００倍おいしい

11:30 ショッピング ····▶ **12:00 ランチ**

狎鴎亭まで歩きながら大好きなsinoonでお買い物。このTシャツ、色使いがとにかくかわいくてたまらない！

sinoon

住 ソウル市 江南区 狎鴎亭路42キル 47
営 12:00〜20:00

狎鴎亭

牛家のランチ限定ユッケ丼は最高。その場でバーナーで炙ってくれます。口に入れた瞬間、とろけるおいしさ。

牛家
住 ソウル市 江南区 島山大路49キル 22 地下1階
営 12:00〜22:00（ブレイクタイム 15:00〜17:00）

14:00　まつげパーマ

漢南

15:00　カフェで休憩

いつもお世話になっているDDYOUでケア。パーマのもちもいいし、お姉さんみんなかわいくて癒しです♡

DDYOU

- ソウル市 江南区 狎鴎亭路42キル 13
- 11:00〜19:30 休日

たくさん歩いたのあとは、心地いいカフェでちょっとひと休み。

ロウコーヒー

- ソウル市 龍山区 梨泰院路54キル 26
- 10:30〜22:00

17:00　洋服屋さんへ　　　16:00　コスメショップへ

いつ行っても素敵なアイテムが見つかるお店。漢南にいるときは必ずチェックするお気に入り。

GROVE STORE

- ソウル市 龍山区 漢南大路27キル 66 2階
- 11:00〜20:00

この日は、hinceとAMUSEのフラッグシップストアへ。かわいいお店はつい写真に収めたくなります。

hince 漢南

- ソウル市 龍山区 梨泰院路49キル 14-2
- 11:00〜20:00

AMUSE 漢南ショールーム

- ソウル市 龍山区 梨泰院路55街キル 49 3階
- 11:00〜20:00

18:00　オイルマッサージ　　　20:00　夜ごはん

疲れた体をしっかりとほぐしてくれる極上のオイルマッサージが受けられるスパへ。心も体も癒されます。

River Hill SPA

- ソウル市 龍山区 UNビレッジ3ギル 183
- 10:00〜22:00（日〜19:00）

カンジャンケジャンを贅沢にひとりで。身がたっぷりでとろけます。韓国での楽しみのひとつ！

ジャンジニン カンジャンケジャン

- ソウル市 龍山区 読書堂路46 漢南アイパーク地下1階
- 11:30〜22:00

江南

22:30
ホテルに戻り、
1日終了

21:30
オリヤンに駆け込み

江南に戻ってオリーブヤングでいつもながらに爆買い。最新のコスメやトレンドをチェックします。

CHAPTER・02

お悩み別 ＼試してみるべき／
美容医療＆アプローチ法

私が信頼する美容医療に携わる先生方にご協力いただき、
肌の悩み別に試してみるべき美容医療や、改善するためのティップスを伺いました。

ドクター＆
薬剤師に聞く！

（肌診断をしてみよう）

肌のことを熟知した
スーパー皮膚科医
Dr.G 美容皮膚科チョンダム 代表院長
イ・チャンギュン先生

韓国美容医療の第一線で活躍。
美容施術アグネスの共同研究・
開発にも携わる皮膚科の院長。

ファクトに基づいた
圧倒的な知識量を誇る
シャインビーム 江南店
セヨン先生

学術論文に基づいた美容医療の
知識量は圧倒されるほど。信頼
のおける名医。

薬剤師向けの
講師としても活躍
センムル薬局 薬剤師
イ・ヒョンジョン先生

薬剤師ならではの知見で、美肌
に有効な最新のサプリメントや
薬局コスメに精通している。

熟練の技を持つ
スーパードクター
ドクター美 院長
ハ・ジェソン先生

数多の症例を担当してきた経験
と知識に基づいて、難易度の高
い施術もこなす名医。

トップクラスの実力派
イケメンドクター
ドクター美
チョン・ジェヒョン先生

肌管理から美容整形まで幅広い
知見と経験を持つ実力派医師。
DJという意外な一面も。

（ 美容施術を受ける前に3つの心得 ）

①
必ずカウンセリングをする！

カウンセリングをしない病院も
ありますが言語道断。「今人気だ
から」と自分がやりたい施術を
するのではなく、自分に合った
施術をすることが肌悩みを改善
するための近道です。必ずカウ
ンセリングを受けてあなたに必
要な施術だけを行ってください。

②
組み合わせNGに注意！

韓国で皮膚科やクリニックをはし
ごする方も少なくないかと思いま
す。その場合注意してほしいの
が組み合わせてはいけない施術
があるということ。予約をする際
にこれを受ける予定など、別のク
リニックで受ける施術についても
お知らせしておくとベスト。

③
安いものから試してみる！

美容医療は金額が高いほうが効
果がいいというわけでもないの
です。ですので、まずは安いも
のから受け自分に合うか見極め
ましょう。例えば、ハイフレー
ザーの最高峰・ウルセラを受け
る前に、その廉価版のシュリン
クを試してみるという具合。

064

COSMETIC MEDICINE

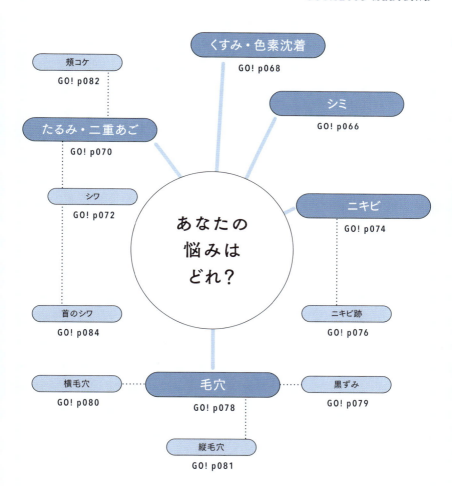

	くすみ・色素沈着	GO! p068
頬コケ	GO! p082	
	シミ	GO! p066
たるみ・二重あご	GO! p070	
シワ	GO! p072	
	あなたの悩みはどれ？	
	ニキビ	GO! p074
首のシワ	GO! p084	
	ニキビ跡	GO! p076
横毛穴	GO! p080	
	毛穴	GO! p078
	黒ずみ	GO! p079
	縦毛穴	GO! p081

お客さんはこんな悩みで来店してる
（ ドクターに聞いた！ お悩みランキング！ ）

みんなはどんなことで悩んでいるのかも気になります。クリニックの先生に聞いた相談されることが多い悩みランキングはこちら。

- 1位 シミ・くすみ
- 2位 たるみ・二重あご
- 3位 シワ・ほうれい線
- 4位 ニキビ・ニキビ跡
- 5位 毛穴

CHAPTER・02

> 種類があるって知ってた!?

シミ

> ワンポイント！
> 根気強く続けるのが肝！

加齢とともに増えてくるのがシミ。
やっかいですよね。シミにはいくつか種類があり、
対策が異なります。間違ってしまうと
逆にひどくなることもあるので要注意。
また夏は紫外線対策もしっかりと！

（肌診断をしてみよう）

一般的なシミがコレ！
日光性黒子

メラニンを含む異常な角質細胞をさし、多くが茶褐色。形は円形や楕円やそれらが重なるものなどさまざま。紫外線が原因と言われているが実はその原因は解明されていない。よく見ると表面がざらついていてメイクをしたときにこの部分だけわずかに乗りが悪くなるのも特徴。

【対策】
レーザーで表面と薄い層を治療

試すべき美容施術はコレ！

- ☑ ピコレーザー
- ☑ IPL（フォトフェイシャル）
- ☑ リポットレーザー

セヨン先生

> 表面に出てきたシミにダイレクトに働きかけるレーザーを使い、シミが薄くなってきたらIPLなどの光治療で全体的に肌のトーンを整えていくような施術を行うのがおすすめです。

炎症が起きて跡が残りシミに
炎症性色素沈着

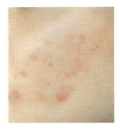

ニキビや湿疹、やけどなどが原因で色素沈着した状態。炎症が収まったあと、黒色メラニンを作り出すメラノサイトが刺激を受け、正常に排出されることなくシミになってしまっている。一般的には茶褐色だが、ニキビややけど跡の場合は、赤みが混ざる場合も多い。

【対策】
レーザー＋紫外線対策

試すべき美容施術はコレ！

- ☑ ピコレーザー
- ☑ シナジーMPXレーザー
- ☑ 内服薬

チョン・ジェヒョン先生

> ピコフラクショナルレーザーがおすすめです。内部に微細な穴をあけて肌の自己回復力を利用し改善を目指します。別のシミと混じっていることもあり、治療はその方に合わせて調整します。

COSMETIC MEDICINE

デイリーにしたいインナーケアはコレ

ビタミンC、トラネキサム酸、
グルタチオンなどを飲むのも◎！

イ・ヒョンジョン
先生

> シミの改善には、原因となるメラニンの生成を防いでくれるものを摂り入れましょう。ビタミンC、トラネキサム酸、グルタチオンは一緒に摂ることで相乗効果に！

刺激×紫外線でも出現！？
肝斑

頬骨あたりを中心に左右対称にぼんやりと現れる薄茶色のシミ。30〜50代の女性に多く、その後発生率が低下することや、出産をきっかけに出るためホルモンバランスの乱れが原因ではないかと言われている。刺激や紫外線によって出ることもあるので先生による見極めと診断が重要。

対策
肌の再生＆内側ケアも

試すべき美容施術はコレ！

- ☑ ポテンツァ
- ☑ レーザートーニング
- ☑ 塗り薬・内服薬

イ・ヒョンジョン
先生

> トラネキサム酸の内服と、ハイドロキノンなどの塗り薬でも改善が見込めます。また刺激や紫外線によっても発生するので、毎日のケアにも注意が必要。日焼け止めも徹底しましょう。

遺伝と紫外線が関係
そばかす

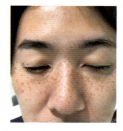

主に顔、首、前腕などに出る直径3mm程度の小さなシミの集合体。そばかすは白人で赤毛やブロンドヘアの人に多く、日本人でも色白の人に出ることがほとんど。両親や兄弟姉妹にもそばかすが見られることも多いので、遺伝性ではないかと考えられている。

対策
レーザーと光治療で改善

試すべき美容施術はコレ！

- ☑ IPL
- ☑ Qスイッチレーザー
- ☑ ピコレーザー

イ・チャンギュン
先生

> レーザー治療が有効ですが、その前にくすみを払うと治療の効果が高まります。まずはIPLなどの光治療を行い、くすみをある程度改善したあとにレーザーを行うことをおすすめします。

CHAPTER・02

> 刺激や色素沈着が原因!?

くすみ・色素沈着

くすみとは、肌のトーンが本来の肌の色よりも暗く、くすみがかっているように見える肌のこと。肌が乾燥し、ターンオーバーが正常に働かず古い角質が落ちずに残ってしまうことや、ニキビなどの炎症を触った摩擦で色素沈着し、色むらとして肌全体がくすんでしまうことも。

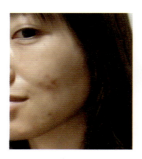

私のくすみ肌 暗黒時代がコレ

対策 肌を根本から変える肌育のための施術を

くすみは乾燥によっても引き起こされることもあるため、肌に水分を補給することは大前提。また、古い角質をオフしながら、肌自体を根本から改善できるような施術が必要。

― 肌診断をしてみよう ―

試すべき美容施術はコレ!

☑ **かぼちゃピール**
敏感肌でも安心な成分でピーリングできる。古い角質を優しくオフ。

☑ **LDM**
痛みがなく毎日受けることができる超音波皮膚治療器。みずみずしい肌に。

☑ **リジュラン**
肌の細胞を若返らせるスキンブースター。1〜2週間のダウンタイムは必要。

☑ **水光注射**
肌に水分を補給するスキンブースター。リジュランと組み合わせても○。

☑ **シナジーMPXレーザー**
肌全体を均一にトーンアップさせるレーザー。最低でも10回ほど受ける必要あり。

☑ **ピコレーザー**
色素沈着を小さくくだいていくレーザー。くすみやシミに効果的。

> くすみは、よく黄くすみや青くすみなど色別に表現がなされていますが、その定義は実は非常に曖昧で、色素沈着が原因であることがほとんどです。全体を均一にして、透明感のある肌を目指すために、まずは根本から改善する肌育治療としてリジュランを試していただくのがおすすめです。また、表面の色むらは、レーザーを使い、均一感のある肌を目指しましょう。

セヨン先生

COSMETIC MEDICINE

私はこうやって改善してきた！
Nanaのくすみ悩み対策レシピ

月1韓国美容課金を始めたころ、ニキビとニキビ跡に悩んでいた私の肌は、それによってくすみがひどい状態でしたが、今はむしろ過去一番肌が白い状態に。私が実際にやってくすみに効果を感じたことを公開します。

どのクリニックでもくすみがひどいと言われた

BEFORE　　**AFTER**

やってよかった施術 ①
リジュラン＋水光注射

肌の細胞を若返らせてくれるリジュランと、肌に水分を与えてくれる水光注射を合わせたスキンブースター（手打ち注射による薬剤注入）をした際、肌が劇的に変わりくすみが気にならなくなりました。

やってよかった施術 ②
シナジーMPXレーザー

渡韓して初めて受けたのがポテンツァとシナジーMPXレーザー。このレーザーは私の肌悩みに対して効果的でずっと続けていて、だんだんくすみと色むらが改善してきました。くすみ予防のために続けたい施術。

やってよかった施術 ③
白玉注射（点滴）

白玉注射の成分として知られているグルタチオンは解毒作用もあるもの。韓国では瓶を見せてくれてそれを点滴していきます。韓国で続けるようになってから肌にぐっと透明感が出てきたような気がします。

くすみを繰り返さないために

私のレギュラー施術はこの3つ

1. リジュラン
2. シナジーMPX
3. 白玉注射

内側からのくすみ対策も大事！
サプリメントの服用を続ける！

薬剤師さんにもお墨付きをもらったのが、グルタチオン、トラネキサム酸、ビタミンCを合わせて服用すること。これを摂るようになってから体も白くなってきたのを感じています。続けることが大切とのことでこれからも継続していきたいです！

CHAPTER・02

> 厚肌さんか薄肌さんかで
> やることが違うよ！

たるみ・二重あご

加齢とともに弾力が失われて
重力に逆らえなくなったお肉や皮膚が
垂れ下がることで生まれるたるみ、二重あご。
肌の厚さによって対策が違うので要チェック。

あなたは厚肌さん？
薄肌さん？
パッと見診断！

Q あなたのこめかみは血管が透けて見えますか？

⇨ **YES** 薄肌さん
⇨ **NO** 厚肌さん

（肌診断をしてみよう）

対策 厚肌さんのたるみケアは「引き上げ＆減らす」

肌に厚みがあるなら、超音波レーザーでしっかり引き上げ、
余分な脂肪を落とすのがベスト。たるみがひどいなら糸リフトの検討もあり。

試すべき美容施術はコレ！

LEVEL
1. ☑ 脂肪溶解注射
2. ☑ 超音波レーザー（シュリンク、ウルセラなど）
   ☑ 高周波レーザー（チューンフェイス、オリジオ、サーマクールなど）
3. ☑ 糸リフティング
   ※一時的な改善なので要注意

セヨン先生

> 肌にある程度の厚みがあり、たるみに悩む方にまず試してもらいたいのは、超音波レーザーです。お肉を焼くとぎゅっと縮まりますよね。それと同じことを、肌の奥にレーザーで熱を与えて行うイメージです。代表的なものでは、シュリンク、ウルセラなどのレーザーがあります。さらに肌を引き締める高周波レーザーも組み合わせるとより効果的です。

厚肌さんの二重あごにはコレ！

二重あごには、高周波・超音波レーザー、脂肪細胞を減らしてくれるような
レーザーに加えて、脂肪溶解注射を試してみるのも手。

試すべき美容施術はコレ！

☑ 高周波レーザー（インモード、チューンライナーなど）
☑ 超音波レーザー（シュリンク、ウルセラなど）
☑ ブイオレット注射

イ・チャンギュン先生

> まずは脂肪細胞を小さくしてくれ費用的にも受けやすいインモードを試してみてください。脂肪が多い場合は、脂肪溶解注射と超音波レーザーなどを組み合わせるのもおすすめです。

COSMETIC MEDICINE

対策　**薄肌さんのたるみケアは「引き締め&増やす」**　(コラーゲンを)

薄肌さんの場合は、厚肌さんのたるみケアとは異なる。
弾力が足りないところを埋めていく、増やしていくことを意識したい。

試すべき美容施術はコレ！

LEVEL
1. ☑ インモード フォーマ
2. ☑ スキンブースター（ジュベルック、コラウムなど）
3. ☑ 高周波レーザー
   （チューンフェイス、オリジオ、サーマクールなど）
4. ☑ 糸リフティング

ハ・ジェソン先生

> 肌が薄い人は、コラーゲンの量を増やして、肌の弾力を高めながらリフトアップを目指すような施術が必要です。オリジオやソマジ（日本ではサーマクールと呼ばれる）などの高周波レーザーや、小ジワなどにも効果を発揮してくれるリジュラン、コラーゲンを増やしてくれるジュベルックなどのスキンブースターを行うことで改善が見込めるでしょう。

薄肌さんの二重あごにはコレ！

皮膚がたるんで起こる二重あご。顔部分とは異なり脂肪を少なくするのも有効だが、
同時にリフトアップレーザーと組み合わせて行いたい。

試すべき美容施術はコレ！

☑ 高周波レーザー（インモード、チューンライナーなど）
☑ 超音波レーザー（シュリンク、ウルセラなど）
☑ 脂肪溶解注射＋上記のレーザー

チョン・ジェヒョン先生

> 薄肌さんは頬部分には超音波レーザーを当てないほうがよいですが、あご周りについては別。脂肪の量がどのくらいあるのかに合わせて具体的な施術を決めるのがベターです。

（ 薄肌さんは、やってはいけない美容施術！ ）

超音波レーザーで頬コケ!?

たるみに効果的なシュリンクやウルセラなどの超音波レーザーは、SMAS筋膜という部分を引き締めると同時に脂肪細胞を減らしてしまう。肌が薄い人が受けると頬コケの原因に！

脂肪吸引は避けたい！

肌が薄い人は脂肪が少ない場合も多い。小顔施術で脂肪吸引が流行っているが、脂肪がもともと少ない（足りない）人が闇雲に受けるのはNG。やるならば必要な部分のみを適切に。

弾力がない肌へ糸リフティング

たるみを改善する糸リフティングも、まずは高周波レーザーなどで肌の弾力を高めてから。肌の土台がすかすかまでは、糸がひっかかる場所がなく効果が感じられないことも。

Nanaおすすめ！

自宅でできるたるみケア
リフトアップができる美顔器を使う

> メディキューブの美顔器がおすすめです。モードが分けられていてスキンケアコスメの導入に使うことが多いですが、これ1本でリフトアップケアもデイリーに行えます。

CHAPTER・02

加齢と乾燥で刻まれていく。
早くから対策を

加齢や紫外線の影響で肌の弾力が
低下したり、乾燥によって出てくるシワ。
気になりますよね。
早くから対策しておくのが吉!

あなたはどのタイプ？

（ 肌診断をしてみよう ）

目元のシワ
※目尻以外

肌の表面に現れる細かなシワで、目元や口元などに出やすい。

対策
保湿＆表面の引き締め

試すべき
美容施術はコレ!

＼ 目元の小ジワに効果的 ／

リジュラン アイ

＼ 細胞を若返らせる ／

リジュラン

＼ 肌表面を引き締め ／

高周波レーザー

・サーマクール（ソマジ）
・オリジオ
・チタニウムリフト
・オンダ など

（種類があるよ）

表情ジワ
（おでこ・目尻など）

おでこや眉間、目尻など表情によってできるシワのこと。

対策
まずは表情の変化を抑える

試すべき
美容施術はコレ!

予防

ボトックス

／ 表情筋を抑える ＼

刻まれた
深いシワ

ほうれい線

たるみジワ。加齢によるたるみで口元に八の字に出る。

対策
薬剤注入に頼るのも手

試すべき
美容施術はコレ!

＼ 肌の奥＆表面を引き締める ／

高周波・超音波レーザー

※肌質によって異なる

糸リフト

／ たるみを引き上げる ＼

ヒアルロン酸注入

／ 溝を埋める ＼

・水光注射
・ジュベルック ボリューム（目元はNG）
・バイズリン

（シワの深さや肌質に応じて）

COSMETIC MEDICINE

専門家が詳しく解説！

セヨン先生

ちりめんジワは
コラーゲンを増やす！

肌が薄い目元や口元にできるちりめんジワ。乾燥や紫外線、加齢が原因と考えられています。対策は、肌の表面を引き締めながらコラーゲン量を増やしてあげることで、サーマクール（ソマジ）、オリジオなどに代表される高周波レーザーを試してみるのがおすすめです。また紫外線＆乾燥対策も必須。日焼け止めをこまめに塗り、しっかりと保湿をすることも大切です。

チョン・ジェヒョン先生

表情ジワは
薬剤注入で改善！

表情ジワは、笑ったときやしかめっ面をしたときなど、顔を動かすことによって生まれるシワのこと。若いうちは表情を戻せばすぐにシワが見えなくなりますが、加齢とともに肌の弾力が失われるとそれが残っている状態になります。おすすめは、表情筋の動きを抑えるために部分的にボトックスを打ってあげること。定期的にメンテナンスしましょう。

ハ・ジェソン先生

ほうれい線には
ヒアルロン酸注入！

ほうれい線は、たるみジワの一種。肌は表皮・真皮・皮下組織の三層からなりますが、真皮の部分に存在するコラーゲンやエラスチンといった肌の弾力をつかさどる成分が、加齢や紫外線のダメージによって不足することで肌の弾力がなくなり、現れます。ヒアルロン酸の注入の検討もしたいところ。

シワ改善にはサプリも上手に使う！
低分子コラーゲン
液体タイプがベスト！

シワの原因のひとつが肌のコラーゲンの減少。サプリメントでも日々補ってあげることが有効です。中でも吸収率が高い低分子コラーゲンで液体のものがベスト。量は、飲めれば飲めるほど◎！

イ・ヒョンジョン先生

ドナオン
ミラクルコラーゲン
9900
※韓国の一部薬局で購入可

CHAPTER・02

> 手の雑菌に注意！
> 触るな危険！

ニキビ

皮脂が多い脂性肌さんが悩みに抱えていることが多い、ニキビ。余分な皮脂が毛穴につまって炎症を起こすことや、ホルモンバランスの乱れなどによってできる肌の炎症。韓国ではニキビができたら皮膚科に行くのは老若男女当たり前。早めに対策して！

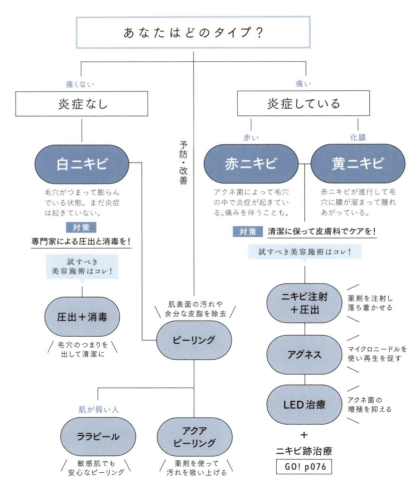

（ 肌診断をしてみよう ）

あなたはどのタイプ？

痛くない → 炎症なし

白ニキビ
毛穴がつまって膨らんでいる状態。まだ炎症は起きていない。

対策 専門家による圧出と消毒を！

試すべき美容施術はコレ！

- **圧出＋消毒** / 毛穴のつまりを出して清潔に
- **ララピール**（肌が弱い人） / 敏感肌でも安心なピーリング

予防・改善

肌表面の汚れや余分な皮脂を除去
ピーリング

- **アクアピーリング** / 薬剤を使って汚れを吸い上げる

痛い → 炎症している

- **赤ニキビ**（赤い）
 アクネ菌によって毛穴の中で炎症が起きている。痛みを伴うことも。
- **黄ニキビ**（化膿）
 赤ニキビが進行して毛穴に膿が溜まって腫れあがっている。

対策 清潔に保って皮膚科でケアを！

試すべき美容施術はコレ！

- **ニキビ注射＋圧出** / 薬剤を注射し落ち着かせる
- **アグネス** / マイクロニードルを使い再生を促す
- **LED治療** / アクネ菌の増殖を抑える

＋
ニキビ跡治療
GO! p076

074

COSMETIC MEDICINE

専門家が詳しく解説！

チョン・ジェヒョン先生

『炎症のないニキビなら軽めの治療＋スキンケア』

炎症が起きていない白ニキビの状態であれば、毛穴の詰まりを解消する圧出と消毒（専門家によるもの）、アクアピールなどのピーリングでも改善します。白ニキビを放置するとそれが酸化して黒くなり、そこから赤ニキビへと進行していくため、炎症が起きないよう早めにケアすることが大切です。

できたニキビを即効治すワザ！

ニキビに悩んできた私のケアは、洗顔後、リジュビネックス（韓国の薬局で買った軟膏）を塗り、イージーダムのニキビパッチを貼り患部を触らないこと。治りがぐっと早くなるのでぜひ試してみて下さい。

 ＋

再生クリーム　　ニキビパッチ

セヨン先生

『炎症のひどいニキビは攻めの治療＋再生』

ニキビは炎症を起こすと赤くなり、膿がたまっていきます。その場合、自分でケアするのは難しくさらに炎症がひどくなりニキビを繰り返してしまうこともあります。ポテンツァなどの攻めの施術で肌自体を再生しながら、アクネ菌を殺菌する効果が高いLED（光）治療を併用してもよいでしょう。

 ひどくなる！絶対にやってはいけないニキビケア

手の雑菌がニキビをひどくすると知っていましたか？触りたくなりますが患部は清潔にして保湿をし、放置がベスト。ニキビパッチが大活躍します！

- ☑ ニキビに触れる
- ☑ 自分で押し出す
- ☑ 保湿しない

ニキビ悩みにはこのサプリがいい！

ニキビを繰り返してしまいがちな場合は、内側からのケアも大切です。**ビタミンD、亜鉛、オメガ3脂肪酸**や、**抗炎症サプリ**を取り入れてみて。

イ・ヒョンジョン先生

CHAPTER・02

> 根気強く続けて!

ニキビ跡

ニキビが繰り返しできたり、治っても
ターンオーバーがうまくいかずに色素が
沈着することで、ニキビ跡と呼ばれる状態に。
また、一時的なニキビでも年齢を重ねること
などでターンオーバーが乱れてしまうと
色素が沈着してしまうことも。

あなたはどのタイプ？

（肌診断をしてみよう）

赤色

毛穴で炎症が起き、毛細血管が増えて赤みが出ている。

対策
赤みを抑えるための
レーザーを

試すべき
美容施術はコレ！

\ 赤みをぎゅっと抑える /
→ エクセルV・シナジーMPX

\ 毛穴にも効果的 /
→ ジェネシス

\ 細胞への若返り /
→ リジュラン

\ トーンアップ /
→ 水光注射

茶黒

炎症から肌を守ろうとメラノサイトが活性化し色素沈着。

対策
色素沈着を改善する
レーザーを

試すべき
美容施術はコレ！

\ 血管収縮で改善 /
→ シナジーMPX

\ 色素沈着をくだく /
→ ピコハイ・ピコシコア

\ 赤ら顔・ニキビ跡改善 /
→ シルファーム

\ シミにも効果的 /
→ トーニング

\ 細胞の若返り /
→ リジュラン

\ トーンアップ /
→ 水光注射

クレーター

ニキビの炎症が真皮層まで達した状態。病院でのケアが必須。

対策
肌の再生を促す
高周波ケアを

試すべき
美容施術はコレ！

\ 根本から改善 /
→ ポテンツァ

ダウンタイム1週間
3〜5回受けたい！

\ 肌細胞を再生 /
→ フラクショナル

\ コラーゲンを増やす /
→ ジュベルック

\ 針を使わず薬剤を真皮に届ける /
→ ミラジェット

専門家が詳しく解説！

セヨン先生

色素沈着はレーザーを根気よく続けるしかない

ニキビ跡など色素沈着したものを治すためには1回の施術では劇的な変化は望めないと思ったほうがよいでしょう。色や状態によってレーザーなどの施術を組み合わせていくことも効果的なので、まずはしっかりとカウンセリングを受けてあなたに合うものは何か見極めることが大切です。1回で効果が出ないからと諦めてしまう方が多いのですが、本当にもったいないです。

チョン・ジェヒョン先生

クレーターや凹凸は攻めの治療で諦めない

凹凸があるニキビ跡の場合、その形や深さによっても適切な施術は異なりますが、一般的に特に有効なのは、ポテンツァではないでしょうか。またコラーゲンを生成してくれるようなスキンブースター（ジュベルックなど）も一定の効果が期待できます。ホームケアでは、自分でニキビをつぶしたり、毛穴つまりを押し出したりするのは絶対厳禁！凹凸ができてしまう原因にもなります。

Nanaおすすめ！

ずっと悩んでいるから続けている

私がやってるニキビ跡治療！

ニキビ跡は、月1韓国美容課金を始める前から今までずっと悩みの種。私は初めて韓国で施術を受けた2023年2月からずっと続けています。昔に比べると劇的に改善しました。ただ、コンディション次第ではニキビができてしまうこともあるので、これからも変わらずに続けていこうと思っています。

ニキビ跡治療の心得！

- ☑ とにかく根気強く続ける！
- ☑ 1回でよくなるのは奇跡！

＼ 私が続けている施術はコレ ／

シナジー MPXレーザー

Wピコレーザー

赤みの原因になっている血管の広がりなどを抑えて肌全体の赤みやトーンを改善してくれるシナジーと、肌のくすみやシミにも効果的なWピコが私の肌と相性◎。

CHAPTER・02

> タイプ別に対策しよう

毛穴

実は毛穴と一言で表してもいくつか種類があります。今回は代表的な3つのタイプに分けて、その正しいアプローチ方法についてご紹介します。

（肌診断をしてみよう）

あなたはどのタイプ？

① 黒ずみ毛穴

毛穴から出た余分な皮脂が酸化して黒ずみ、毛穴に詰まっている状態。また、詰まりはなくとも毛穴に炎症が起こったり、メラニンによる色素沈着、毛によって毛穴が黒く見えている場合もあり、対策は異なる。

【 特徴をチェック！ 】
- ☑ 小鼻がポツポツしている
- ☑ 毛穴に皮脂が詰まっている
- ☑ 皮脂が出てテカリやすい
- ☑ 毛穴が黒い

→ p079へ

② 横毛穴

毛穴の形は丸く大きくぽっかりとあいたようなタイプ。小鼻や頬など全体的に丸い毛穴が開いて見えている。皮脂量が多いため日中にテカリやすく、特に小鼻やおでこのテカリが目立つ。メイクが崩れやすい。

【 特徴をチェック！ 】
- ☑ 毛穴の形が丸い
- ☑ 小鼻や頬の毛穴が目立つ
- ☑ ニキビができやすい
- ☑ 日中テカリが気になる

→ p080へ

③ 縦毛穴

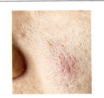

毛穴の形は楕円形で縦長。加齢によって肌がたるむことで毛穴も一緒に垂れ下がり、大きく縦に広がって見えているタイプ。加齢のほか、紫外線のダメージによって肌のハリが失われることも原因になっている。

【 特徴をチェック！ 】
- ☑ 毛穴の形が縦長
- ☑ 肌を上に引っ張ると目立たなくなる
- ☑ 肌のたるみが気になる
- ☑ 小ジワも気になる

→ p081へ

毛穴悩み対策デイリーケア

対策1 取りすぎ注意！

毛穴の中の汚れをきちんと落とすことが大切ですが、取りすぎに注意。洗顔前にホットタオルで毛穴を開かせてから洗うと◎。

対策2 有効成分でしっかり保湿

水分不足も過剰に皮脂が出る理由。ヒアルロン酸をはじめとする水分系とナイアシンアミドなど毛穴対策成分を取り入れて。

対策3 日焼け止めはマスト

紫外線も皮脂分泌を促してしまう要因のひとつ。保湿したあとは必ず日焼け止めを塗って紫外線対策を忘れずに！

汚れを落とすことが最優先

① 鼻などの黒ずみ毛穴

まずは毛穴の中の汚れをしっかりと落とすことがマスト。
色素沈着の場合は根気強い対策が必要。

対策 毛穴の掃除

試すべき美容施術はコレ！

アクアピール
薬剤を使い、吸い上げるように毛穴を掃除。刺激が強い場合もあるので敏感肌は注意が必要。

ピコフラクショナル
悩みに対して部分的に照射でき、開いた毛穴を小さく改善していく。

PDT
皮脂が出る皮脂腺自体の数を少なくしてくれる施術。過剰な皮脂が出ないようにする。

× 絶対にNG！自分で黒ずみ出しちゃダメ！
黒ずみが気になるからと自分で無理やり押し出したりすることは絶対にNGです。余計に毛穴が広がってしまう原因になります。ここはぐっと我慢して専門家の力に頼るのがベストな選択！

黒ずみ毛穴のホームケア！

水分補給＆保湿を徹底するべし

毛穴が黒ずむ理由は、毛穴につまった皮脂や角栓が酸化して黒くなるため。毛穴の汚れをしっかりと落としたあとは、過剰な皮脂が出ないようにすることが大切。そのためには徹底した水分補給＆保湿を意識したい。ヒアルロン酸などの水分を補給してくれる成分や、毛穴の縮小に効果的なナイアシンアミドが配合されたコスメもおすすめ！

専門家が詳しく解説

イ・チャンギュン先生

「ピーリングで毛穴を掃除」

黒ずみ毛穴は、皮脂量が多い脂性肌や、乾燥するのに小鼻やおでこがテカる混合肌の方がなりやすいタイプ。まずはピーリングなどで毛穴の汚れをきちんと落としてから、毛穴の開きを改善していくような施術を組み合わせることをおすすめします。また色素沈着による黒ずみの場合は、ターンオーバーを促して色素を分解していくようなレーザーを取り入れるのもよいでしょう。

セヨン先生

「黒ずみ毛穴はサウナも有効！」

毛穴の掃除には、サウナで汗をかいて汚れを落としやすくすることも有効です。肌に熱を与えるとコラーゲンが増えるという点でも一石二鳥。また、黒ずみは皮脂の酸化によるものなので、しっかり落としたあとは皮脂が余計に出ないように保湿することもマストです。ニキビのもととなる油分を出さないようにするために、皮脂腺細胞を減少させるPDT（レーザー）もおすすめです。

CHAPTER・02

脂性肌や顔面油田さんに多い！
② 横毛穴

ぽっかりとあいた毛穴は過剰な皮脂の分泌によるもの。
医療の力に上手に頼りながら改善を目指そう！

対策 肌質改善＆皮脂分泌を抑える

試すべき美容施術はコレ！

（肌診断をしてみよう）

（レーザー）

ポテンツァ
針を刺し高周波を流すことで毛穴にダイレクトに働きかける。開いた毛穴の改善に。

フラクショナル
肌にごく微細な穴をあけ熱エネルギーを与えることで新しい肌細胞の再生が可能に。

ジェネシス
コラーゲンの成生を促し毛穴を改善する。肌表面の古い角質を取り除く効果も期待できる。

（スキンブースター）

リジュラン
肌質を根本から改善するのに役立つ。肌の密度を高め、開いた毛穴の改善にもつながる。

ジュベルック
毛穴改善をサポートする、ヒアルロン酸注入の一種。肌表面に薄く注入する。

スキンボトックス
皮膚の浅い層へ注入することで毛穴の引き締め効果や、余分な皮脂の抑制が期待できる。

専門家が詳しく解説

イ・チャンギュン先生

『皮脂腺をなくすレーザーもあり』

大きく開いた毛穴には攻めの治療が必要です。ポテンツァなど高周波エネルギーを利用して肌に針で傷をつけ、肌自身が回復していく過程でコラーゲンが生成されることを利用した施術がぴったり。また、ダウンタイムが問題なければ、皮脂腺を破壊し過剰な皮脂分泌を防ぐアグネスや、コラーゲンを増やしてくれるジュベルックなどを組み合わせてもよいでしょう。

セヨン先生

『ポテンツァで毛穴と根本的に向き合う』

すでに大きく開いてしまった毛穴を目立たなくするためには医療の力に頼る以外方法はありません。中でも有効なのはポテンツァ。肌にマイクロニードルを刺す施術ですが、同時に高周波を照射するので毛穴にダイレクトに熱エネルギーを伝えられ、コラーゲンの生成を促し、同時に皮脂腺にダメージを与えることができ、皮脂の分泌量を抑えることが期待できます。

加齢と乾燥が原因！ 多くの人が抱える

③ 縦毛穴

肌のハリが失われることで毛穴が縦長に開いている状態。
肌の弾力をあげることが大切！

対策　**コラーゲンを増やして弾力UP**

試すべき美容施術はコレ！

（レーザー）

ジェネシス
レーザーピーリング！真皮上層のコラーゲンを活性化する。

高周波レーザー
インモードフォーマ、オリジオ、サーマクールなど。コラーゲン生成に役立つ。

（スキンブースター）

リジュラン
肌細胞の修復や再生を促し、皮膚組織の密度を高めて弾力のある肌に導く。

水光注射
ヒアルロン酸や成長因子などの薬剤を注入し、真皮層のコラーゲン密度を高める。

ジュベルックスキン
肌のコラーゲンの成生を促して肌にハリを出し、毛穴の引き締めにも効果的。

専門家が詳しく解説！

イ・チャンギュン先生

『肌を引き締めて
コラーゲンを増やす』

縦毛穴の一番の原因は肌のたるみです。そのため、たるみを改善する必要があるので、肌の弾力をつかさどるコラーゲンの量を増やしてくれるようなレーザーやスキンブースターを、肌の状態に応じて組み合わせ、定期的に続けましょう。ダウンタイムが大丈夫ならダブルタイト（次世代ポテンツァ）を、難しいようであれば痛みが少ないジェネシスを続けてみてください。

イ・ヒョンジョン先生

『縦毛穴改善には
サプリに頼るのも〇』

縦毛穴は、施術で対策をとるのはもちろんですが、日ごろからのインナーケアとしてコラーゲンを摂り入れることが効果的です。特にすでに乾燥や弾力不足を感じているなら、吸収力の高い液体タイプのコラーゲンを摂ることをおすすめします。加齢とともに失われていく成分ですが、肌のハリを保つためにはなくてはならないもの。摂り続けることが何よりも大切です。

CHAPTER・02

> 肌に弾力がなく
> 老けて見える

頬コケ

加齢とともに肌の弾力が衰えることで
生まれるたるみ。中でも肌が薄い人に
悩みが多いのが頬のコケ。
ボリュームを出してあげる施術を選ぼう。

対策 引き締める・満たす・引き上げる

試すべき美容施術はコレ！

（肌診断をしてみよう）

① 引き締める

高周波レーザー

サーマクール（ソマジ）、オリジオなど。肌表面のたるみを引き締めるレーザー。

インモードフォーマは、頬コケを改善するのにコラーゲンを増やすことが大切だと知ってから地道に続けている施術のひとつ。頬コケが気にならなくなってきてうれしい効果を実感中！

② 満たす

ジュベルック

コラーゲンの生成を促進する働きがある。コケが気になる部分に注入する。

インモードフォーマ

これも高周波レーザーのひとつ。コラーゲンの生成を助けるレーザー施術。

フィラー×糸

頬コケが気になる部分にヒアルロン酸を注入し、動かないよう糸で固定する。

Nanaも続けてる！

③ 引き上げる

糸リフト

糸を使ってたるみを引き上げる。ただし肌の土台にボリュームがないと効果が出にくい。

超音波レーザー

ある程度脂肪がありたるみが進行している場合は、超音波レーザーで引き上げる。

専門家が詳しく解説

チョン・ジェヒョン先生

「コラーゲンを増やすことを意識しよう」

頬コケをすぐに解消するには糸リフトや、フィラーを入れてずれないように糸で固定する方法がありますが、実はその土台となる肌がすかすかだと、いくら糸を入れても引っかかる場所がなくすぐに効果がなくなってしまいます。そこで肌が薄く弾力がない方は、まずコラーゲンを増やしてあげる高周波レーザーやスキンブースターなどでボリュームを出すことからスタートしましょう。

> 頬コケさんは要注意！

超音波レーザー

たるみを解消する有効な施術のひとつにウルセラなどを代表するいわゆるハイフ（超音波レーザー）があります。超音波レーザーは肌の奥に熱エネルギーを加えてリフトアップするもので、お肉を焼いたときに縮まる原理を利用したもの。ある程度、顔に脂肪がある人には非常に有効ですが、肌の薄い人がやってしまうとさらに頬がコケてしまう原因になるので注意が必要です！

教えてくれたのは

セヨン先生

タイプ別おすすめ施術はこれ！
頬コケさん、カウンセリングサンプル

同じ頬コケでも人によって微妙に違う肌や輪郭の悩み。
今回は、タイプ別にどんな施術を提案するのか、
シャインビーム江南のセヨン先生に例を挙げながら解説してもらいました。

TYPE.1
全体的に脂肪がなく頬コケが目立つ

頬がコケている部分だけが悩みの場合、頬にヒアルロン酸（フィラー）を入れて、場合によっては糸で固定。さらにリフトアップレーザーとして肌表面を引き締めてコラーゲン量を増やしてくれる高周波レーザー、中でもソマジ（サーマクール）をおすすめします。

TYPE.2
骨格がしっかりしている頬コケ

骨格がしっかりしていて脂肪が少なく頬がコケているというケース。まずは、頬部分にヒアルロン酸（フィラー）を入れます。また、その2週間後に経過観察をして、うまく改善していればよいですが、そうでない場合は何をするか状態を見て判断したいです。

TYPE.3
たるみが進行している頬コケ

典型的な40〜50代のアジア人に多いタイプです。全体的にたるみが進行しているのでウルセラやシュリンクなどの超音波レーザーで引き上げて、余裕があれば高周波レーザーでのコラーゲン生成をメニューに加えます。また眉間や額のシワにはボトックスを打つとよいでしょう。

Nanaのビフォー＆アフター大公開！
やってよかった頬コケ改善施術！

一番変わったと思えたのは、ヒアルロン酸の注入とそれがずれないように糸で固定したこと。それからは頬がコケないように管理を続けています。ビフォー＆アフターも公開します。

BEFORE　　AFTER

やってよかった施術

1. ヒアルロン酸（バイリズン）注入＆糸で固定
2. インモードフォーマ
3. オリジオ（半年に1回）

一番は先に紹介したヒアルロン酸（バイリズン）を注入してそれがずれないように糸で固定した施術。しかし加齢とともに顔のラインは変化していくので、肌の弾力の基盤となるコラーゲンの生成を助けてくれるレーザーのインモードフォーマと半年に1回オリジオを受けるようにしています。

CHAPTER・02

> 種類があるって知ってた!?

首のシワ

「デコルテまでが顔」──チャプター1でお伝えした内容です。年齢が出やすい部分なのに意外とケアしている人が少ない。差がつくのはこういうところです。

対策 深い溝・浅いシワで対策を変えて

試すべき美容施術はコレ！

（肌診断をしてみよう）

（ 深い溝 ）

刻まれたようなシワには
フィラーを使って埋める

埋める

- **フィラー（バイリズン）**
  フィラー（ヒアルロン酸）注入にはさまざまな種類があるが、首のシワに有効なのは柔らかいバイリズン。

Nanaも首のシワと格闘中！

首のシワのケアを始めてから、周りから首がきれいだと褒められることが増えて本当にうれしいです。私の肌に一番合うものを求めて、ケアを続けていこうと思っています。

（ 浅いシワ ）

縦や横に薄く入ったシワには
スキンブースターを！

引き締める

- **水光注射**
  肌の水分量を高めてくれる。首の浅いシワにも効果的。

- **スキンボトックス**
  首の皮膚の浅い層へ注入。肌の引き締めや、小ジワの改善に効果的。

- **リジュラン**
  細胞レベルで若返りが期待できる。首の皮膚の浅いところに注入する。

専門家が詳しく解説

セヨン先生

> **首のシワには種類あり。個別に対策をとろう**

以前はとても施術が難しかった首のシワの改善も、今はリジュランやスキンボトックスなどのスキンブースター施術の技法が開発され、簡単に行えるようになっています。首のシワにも種類があり、浅いシワであればスキンブースター系を、深いシワであればバイリズンなどの比較的柔らかいフィラーを入れて溝を埋めてあげるのがよいでしょう。

首のシワ、施術したらこれを意識！

姿勢を正してなるべく下を向かないようにする

実は首のシワの改善は難しい。例えばスマホを見るために下を向く時間が長いとせっかく薬剤を注入しても効果がなくなってしまうそう。姿勢を正してなるべく頭を下げないように意識！

\ 肌に薬剤をダイレクトに届ける美肌のための兵器 /
スキンブースター早見表！

スキンブースターとは、肌悩みに合わせて有効な美容成分を注射によって肌に直接注入する施術のこと。私の肌が劇的に変わったリジュラン（リズネ）をはじめ、5つのスキンブースターがそれぞれどんな肌悩みにいいのか、一緒に組み合わせるともっと効果的な施術は何かを美容医療の先生に取材し、まとめました。スキンブースターを検討している方はぜひ参考にしてみてください。

肌を根本から改善する
リジュラン

私の肌を劇的に変えてくれたリジュラン（リズネ）。乾燥、シワ、ニキビ跡、くすみをはじめ、肌質全体の改善に効果的！

この悩みに効く！	合わせるともっといい施術
毛穴	ポテンツァ、フラクショナルレーザー、インモードフォーマ
ニキビ跡・くすみ	シナジーMPXレーザー
乾燥（シワ）	水光注射

肌の水分量を高める
水光注射

極細針を備えた専用の機械で肌の水分量を高めてくれる美容成分を肌に注入する。機械打ちのため手打ちよりも痛みやダウンタイムが少ない。

この悩みに効く！	合わせるともっといい施術
乾燥	リジュラン
くすみ	リジュラン
ニキビ跡	リジュラン

小ジワに悩むならコレ
スキンボトックス

筋肉の動きを抑制する効果があるボツリヌス製剤を肌の表面に注入。小ジワの原因となる表情筋の動きを抑え肌を滑らかに整える。また、皮脂抑制効果もあり。

この悩みに効く！	合わせるともっといい施術
小ジワ	リジュラン
毛穴（小鼻以外）	ポテンツァ、フラクショナルレーザー

コラーゲンを増やして膨らませる
ジュベルック

ポリ乳酸＋非架橋ヒアルロン酸成分を含んだ薬剤を注入する。肌の保水力・弾力を高めるコラーゲンが作りやすくなる効果が期待できる。

この悩みに効く！	合わせるともっといい施術
毛穴	リジュラン、ポテンツァ、フラクショナルレーザー、インモードフォーマ
ハリ不足	インモードフォーマ
小ジワ	リジュラン

※目元の注入はおすすめしない！肌の薄い部分に打つとしこりができる可能性も！

「手打ち」と「機械打ち」、どっちがいいの！？
医師の手で細かく注射する「手打ち」と、専用の機械による「機械打ち」。それぞれ比べてみました。

	手打ち	機械打ち
痛み	強い	手打ちに比べると少ない
こんな人に◎	ニキビや色素沈着など部分的な肌悩みがある人	部分的な悩みがなく全体的に肌質改善をしたい人
ダウンタイム	1～2週間程度。凹凸や注射の跡、あざなどが出る。	注射針の跡や赤みが出る。期間は数日間。

シミを根本から改善
シミ取り注射

美白効果が期待できる成分をシミに直接注入しシミを薄く改善するもの。ほかのスキンブースターに比べて価格も控えめで試しやすい。

この悩みに効く！	合わせるともっといい施術
シミ	シミ改善に効果的なレーザー

（レーザーは種類が豊富なので、カウンセリングでシミの種類に合わせて相談すると◎）

CHAPTER・02

＼ コスメ、サプリ、パックなどホームケア時の参考に！ ／

（お悩み別） 成 分 早 見 表 ！

（肌診断をしてみよう）

お悩み	必要な成分	
シミ・くすみ	ビタミンC / グルタチオン / ナイアシンアミド / トラネキサム酸 / メラトニン	肌を明るくするのに効果的なのがビタミンCや白玉注射の成分・グルタチオン、ナイアシンアミドやトラネキサム酸など。
たるみ・シワ	ペプチド / コラーゲン / PDRN / メラトニン / シカ	肌の弾力不足が招いているたるみやシワには、コラーゲンやペプチドなどで栄養を補給。PDRNも見逃せない成分のひとつ。
毛穴	ナイアシンアミド / シカ / BHA・AHA・PHA / ヒアルロン酸 / コラーゲン	余分な皮脂の分泌を抑えたり、毛穴に詰まっている汚れを落とすのに役立つ成分をデイリーに取り入れるのが毛穴対策の正攻法。
ニキビ	シカ / ティーツリー / BHA・AHA・PHA / 亜鉛 / ビタミンA（レチノール）	できてしまったニキビの炎症を抑え、ニキビの原因となる過剰な皮脂の分泌や、余分な角質を落とせる成分が必要不可欠。
炎症・赤み	シカ / ティーツリー / PDRN / セラミド / エラスチン	炎症や赤みを抑えて肌の状態を健康的に整えてくれる守りの成分たち。特にシカやティーツリーは、韓国では定番の人気を誇る。
乾燥	ヒアルロン酸 / コラーゲン / セラミド / ビタミンE・D / パンテノール（ビタミンB5）	ヒアルロン酸やコラーゲン、セラミドなど肌に水分を補給してあげられる保湿成分がマスト。クリームで蓋をするのもお忘れなく。
敏感	シカ / ティーツリー / コレステロール / 脂肪酸 / セラミド	炎症を抑える成分に加えて、肌を構成するセラミド、コレステロール、脂肪酸などを取り入れて、肌を土台からサポートする。

■ 青色の成分は押さえるべき10大成分！（P088-089）

美容医療の知識が身についたところで、お悩みランキングの
上位それぞれに必要な成分とおすすめのコスメを厳選。コスメやサプリの
パッケージの成分表示を見ながら、ぜひ取り入れてみてください。

例えば、おすすめコスメはコレ！

**SKIN1004
トーンブライトニング
ブースティングトナー**
健康的で明るく輝く肌
に導いてくれる化粧水。

**センテリアン24
エキスパートマデカメラ
キャプチャーアンプル**
肌内側にあるシミに直
接アプローチできる。

**メディキューブ ★
グルタチオン
グロウアンプル**
高純度グルタチオン美
容液。色素沈着ケアに。

\ 秋はコレ！ /

**ラネージュ
クリームスキンローション**
高保湿の化粧水。もっ
ちりハリ肌に導く。

**メディキューブ
もち肌コラーゲンセラム**
4種のコラーゲンで肌
の奥から弾力を。

**AESTURA リジェダム
365 スキンタイトニング
カプセルセラム**
シワにアプローチして
肌弾力を高める。

\ 脂性肌さん向け /

**メディキューブ
ゼロ毛穴パッド 2.0**
角栓や毛穴ケアのため
のふき取りパッド。

**AESTURA リジェダム
365 スキンタイトニング
カプセルセラム**
毛穴の弾力改善効果が
期待できる専用美容液。

\ 脂性肌さん向け /

**メディキューブ
ゼロ1DAY
エクソソームショット**
天然由来の美容針で有
効成分を毛穴の奥へ。

**SKIN1004
ティーツリカ
リリーフアンプル**
外部刺激でゆらいだ肌
を健康的に整える。

**ラネージュ
シカスリーピングマスク**
肌荒れをケアするオー
バーナイトマスク。

**イージーダム ★
クイックカーミング パッチ**
微細なマグネシウム針
が一晩でニキビケア。

**センテリアン24
マデカデイリー
リペアトナー**
保湿して荒れた肌のキ
メを整えてくれる。

**センテリアン24
エキスパートマデカ
クリームシグネチャー**
肌のバリア機能をサ
ポートしキメも整える。

\ 再生クリームにも◎ /

**センテリアン24
ザマデカクリーム
タイムリバース**
健康的な肌に導き、
シワ・シミにも効果的。

**AESTURA
アトバリア365 クリーム**
何をしても乾燥を感じ
る人に試してほしい。

**SKIN1004
ヒアルーシカ
スリーピングパック**
潤いで満たすオーバー
ナイトパック。

**ラネージュ ★
ウォーター
スリーピングマスク**
翌朝洗い流さない塗る
マスクで就寝中も保湿。

**AESTURA ★
アトバリア365
クリームミスト**
セラミド配合でバリア
機能を高めてくれる。

**SKIN1004 ★
センテラ アンプル**
敏感な肌を落ち着かせ
る。導入美容液にも。

**ラネージュ
シカスリーピングマスク**
寝ている間に肌を落ち
着かせ健康的な肌に。

★ Nanaの人生コスメたち

CHAPTER・02

\ 理解がぐんぐん深まる！/
これだけは押さえるべき10大成分

（肌診断をしてみよう）

01 シカ

シカとは、センテラアジアティカ（ツボクサ）と呼ばれる植物から抽出したもので、肌の再生、炎症を抑える優れた効果を発揮してくれる成分。化粧水やアンプルはさらさらとしたタイプが多いので、スキンケアの一番先に取り入れるのもよい。ニキビ、毛穴、炎症・赤みへの効き目に加えて、コラーゲンを生成してくれる効果もあり、小ジワにも有効。どの肌タイプにも使える優秀＆万能成分！

Nana's Point
万能成分！肌タイプ・どの悩みにも！

02 ナイアシンアミド

Nana's Point
＋トラネキサム酸でくすみバイバイ！

紫外線からの肌ダメージの修復効果や高い抗酸化作用が期待できるため、美白成分のひとつとして知られるナイアシンアミド。トラネキサム酸と合わせると、肌のバリア機能を高めてくれながら、くすみのない肌に導いてくれるのでこの組み合わせはおすすめ！最近では、過剰な皮脂の分泌を抑えてくれる効果がある成分だとわかり、韓国では毛穴対策コスメに使われることが増えている。

03 ペプチド

ピーリング成分との相性は×

肌の弾力を支える成分のひとつ。肌にハリを与えて、色素沈着を改善したり、炎症を抑えて回復させる働きもあり、敏感肌でも安心して使える優れもの。もともと肌に存在する成分で、生成もされるが、加齢とともにどんどん失われてしまうので、特に乾燥・混合肌の人には積極的に取り入れたい。ただし、BHA・AHAなどの酸性成分とは相性×。効果が激減してしまう可能性があるので併用は避けたい。

Nana's Point
肌にハリを与える！敏感肌も安心！

04 セラミド

Nana's Point
＋ヒアルロン酸で潤い爆誕！

敏感な肌のバリア機能を正常に整えてくれるので、肌が荒れやすい乾燥・敏感肌の人のマストハブ成分。また、肌の水分レベルを高めるのに役立つヒアルロン酸と一緒に使うと、肌に水分が爆誕するので、この組み合わせは本当におすすめ！混合肌の人も積極的に取り入れるべき。セラミド製品を選ぶときは、含有量の多いものがベター。成分表示の前のほうに記載されているかチェックして。

水分　★　爆誕

05 ヒアルロン酸

Nana's Point
韓国では水分が超大事！

たった1gで約6ℓもの水を保つ力があると知られていて、肌の保湿になくてはならない成分のひとつ。肌の弾力をつかさどるコラーゲン、その細胞間をつなげるエラスチン、そして水分を満たしてそれを支えるのがヒアルロン酸の役割。保湿系のスキンケアコスメのメイン成分として使用され、韓国では"低分子ヒアルロン酸"など、肌への浸透力を高めた商品も続々と誕生している。

成分早見表にも登場した悩み別の成分のうち、特に覚えておきたい成分について
まとめてみました。これさえマスターできれば、あなたの肌に必要な成分がわかるはず!

06 コラーゲン

アンチエイジングのイメージが強いコラーゲン。私は、乾燥・加齢によるたるみが原因の縦毛穴が悩みだったけれど、コラーゲンを摂るようになり効果を感じていて、手放せない成分のひとつ。20代をピークにどんどん失われてしまうので、コスメはもちろん、サプリメントとしても積極的に摂るべき。特にサプリは"低分子"で液体タイプのコラーゲンを選ぶのが賢い!

Nana's Point
肌の弾力を支える主役成分!

美白
毛穴
くすみ飛ばし

07 グルタチオン

Nana's Point
美白の女王!うまく使うと勝ち

美白効果が話題の成分でペプチドの一種。解毒作用や強力な抗酸化作用があり、アンチエイジングに有効な成分の代表。シミの原因となるメラニンを抑制してくれる効果も。また、グルタチオンはビタミンCと一緒に摂ることで、ビタミンCが果たす抗酸化作用を肌に最大限に落とし込むことができるようサポート。私は、グルタチオンとビタミンCは、サプリメントでも毎日欠かさず摂っている。

＋ビタミンCが有効

08 ビタミンCとビタミンC誘導体

日焼け止めは必須!

シミ・くすみ、シワ、赤み、毛穴の開き、乾燥などあらゆる肌悩みを解決に導くアンチエイジング成分。しかし、空気や光、熱で壊れやすい。そこで、ビタミンCの構造の一部を変化させて壊れにくくしたのがビタミンC誘導体。また、ビタミンCは肌の活性酵素を消去したあと酸化してしまうのが欠点だが、それを補ってくれるのがグルタチオン。さらにナイアシンアミドと合わせると効果が最大化!

10 PDRN

Nana's Point
ハリ・つや㊙!くすみさようなら

サーモン(人体の遺伝子に非常に近い)から抽出された成分で、韓国の美容医療のスキンブースター(サーモン注射)にも使用されているもの。肌の細胞を活性化させ、組織を修復したり血管・血流の改善をしたりしてくれるので肌を若返らせる成分としても知られている。ニキビやニキビ跡の改善にも効果的。最近では韓国でトレンドの成分で、PDRNを使用したコスメが続々と増えているので注目したい。

09 BHA・AHA・PHA

日焼け止めは必須!
Nana's Point
余分な角質を除去!

ピーリング剤によく使われる酸性成分。BHAは皮脂や古い角質による毛穴の黒ずみが気になる場合、AHAは肌表面の角質ケアに適していて乾燥で肌のごわつきを感じたときに取り入れるとよい成分。ふき取りケアがおすすめ。また、PHAは肌が弱い敏感肌タイプ用なので、乾燥肌や敏感肌だと思う場合は、PHA配合のものを選ぶのがベター。BHA・AHAを使ったあとは、日焼け止めは必須。

089

CHAPTER・02

\ ドクターも断言！ せっかくの施術も効果激減！ /
肌管理後のダウンタイム
絶対にやってはいけないNG行動

施術はやって終わりではありません。そのあとのケア次第で効果の出方は変わってきます！ やってはいけない行動をチェックしてみましょう。

（肌診断をしてみよう）

NG 1　スキンケアを怠る
これは言語道断。美容施術を受けたあとは、肌が敏感になっていたり炎症を起こしている場合が多いので、必ずいつも以上に水分アンプルなどをたっぷり使い、保湿を心がけ、再生クリームを塗るようにしてください。

NG 2　ごしごしふき取る
施術後は、肌が普段よりもかなり敏感になっています。シミ取りレーザーであれば、ふき取りが刺激となって色素沈着してしまう原因にもなります。施術直後は、なるべくふき取りは避けていただいたほうがベターです。

NG 3　パックをしすぎる
肌が乾燥するからといって、施術直後にパックは控えたほうがいいです。特にコラーゲンやペプチド、レチノールなど成分の強いものは刺激につながります。パックをするなら、できれば1週間後くらいからにしておきましょう。

NG 4　日焼け止めを塗らない
施術後、必ず行うスキンケアとしては水分をしっかり入れて保湿すること、再生クリームをたっぷり使うこと、そして日焼け止めをしっかり塗るというのがセットです。紫外線は室内でも浴びているので、外出せずとも使うべきです。

NG 5　汗をかく
汗をかくということは肌の温度が上がっている証拠。肌の温度が高いと肌の水分がどんどん蒸散していってしまいます。ダウンタイム中は傷ついた肌を潤いで満たして早く回復させることが大切なので、サウナや激しい運動はNG！

NG 6　処方された薬を飲まない
施術後に、抗生物質などの薬を処方される場合があります。その際は、先生から途中で飲まなくてもよいと指示がない限り、必ず処方された量をきちんと飲み切ってください。感染症にかかってしまうなど副作用があることも！

NG 7　お酒を飲む
飲酒も肌の温度を高めて水分の蒸散につながるのでダウンタイム中は控えましょう。また、ダウンタイム用に薬を服用しなければいけないときはなおさら。1杯ならいいやの隙がせっかく受けた施術の効果を台無しにしてしまうかも。

\ Nanaも実践！ /
ダウンタイムを早く終わらせる技

私は、ほぼ月1でしっかりダウンタイムがある施術を行うことが
多いのですが、場数を踏んできたからこそ見えてきた
ダウンタイムを短くする方法を伝授します。

ダウンタイムを早める3種の神器！

私にとってこれがないとダメ！
ダウンタイムに必須の
3アイテムをご紹介します。

ダウンタイムを乗り切る私のマストアイテム！

I'M MUSEの水分アンプル

もう何度リピートしたかわからない大好きな水分アンプル。ダウンタイムで乾いた肌にしっかりと潤いを与えてくれ、手持ちのコスメとの相性もよくお気に入り。

リジュダーマの再生クリーム

SNSでも幾度となく紹介してきた私のお守りコスメ。これを使うとスキンブースター（注入）系のダウンタイムがぐっと短くなるので、手放せません。

薬局で買えるむくみ取りセット

施術をしたあとはむくみ対策もしっかりします。薬局で買えるかぼちゃジュースなどの4点セットはむくみにくくしてくれるので、施術後必ず大量買い！

もはやマスター級のNanaが教える！
ダウンタイムの過ごし方

スキンブースター系の施術をするときは一番ダウンタイムがひどい。エンボス（ぼこぼこした凹凸）やあざができることもあります。そんな施術を受けたあとのダウンタイム、私はこう過ごしています。

当日〜1週間

⇒

1週間後〜

化粧水＋水分アンプル＋再生クリームのシンプルなケアを徹底する

施術から2〜3日はすっぴんで過ごしますが、基本のスキンケアはシンプル！化粧水→水分アンプルたっぷり→再生クリームは500円玉ほどをしっかり塗ります。さらに日焼け止めは日中2回は塗りなおします。

スキンブースター施術後はあざクリームで対策を

スキンブースター（注射）などの施術をしたあとは、あざができやすくダウンタイムが長引く原因に。薬局で購入できるあざクリームをスキンケアの最後に使います。体にも使えて持っていると便利です。

肌のコンディションを整えるパックを取り入れる

施術から1週間後くらいからパックも取り入れます。この時期は特に肌の炎症を落ち着かせてくれるようなシカ系成分のパックがメイン。強い成分のコスメは肌のコンディションが戻るまで使いません。

CHAPTER・02

薬剤師さんに聞いた！ 韓国のインナービューティ

韓国で肌管理を始めてから
インナービューティにも関心が湧いてきて、
韓国の薬局で購入したサプリを愛用しています。
実際に韓国ではどんなものが人気なのか、
どう使うのがおすすめなのかを知りたいと思い、
薬剤師の先生に教えていただきました。
美肌の先生がおすすめする薬局コスメも必見！

（肌診断をしてみよう）

韓国の人はサプリを10種類以上飲んでいる！？

Nana：韓国ではサプリを日常的に飲む方が多いと聞いたのですが、本当ですか？
先生：そうですね。私の周りの人たちは、だいたい10種類くらいは常時飲んでいますよ。
Nana：え！？そんなに！？
先生：韓国の人は健康管理に余念がありません。最近も健康ブームなので体にいいことは積極的に取り入れるというのが一般的な考え方になっています。自分の体調や理想に合わせて、免疫を高めるため、ストレス対策、美肌のためとさまざまなサプリを組み合わせています。Nanaさんは何か飲まれていますか？
Nana：私は普段、韓国で購入した乳酸菌のサプリを飲んでいます。体調が整って風邪をひかな

くなりました。それから、美白のためにと購入したグルタチオンとビタミンCのサプリを飲んでいるのですが、周りから肌が白くなったと言われるようになりました。
先生：グルタチオンとビタミンCはすごくいい組み合わせですよ。相乗効果で抗酸化作用が高まります。
Nana：ビタミンCは1日にどのくらい摂ればいいですか？
先生：韓国では3,000mgまで大丈夫と言われています。また、体にとどまらず流れていく成分なので1日に3〜4回に分けて飲むほうが効果的。ビタミンCは、酸性で胃に刺激があるため食後の摂取がおすすめです。

> 薬剤師さんがおすすめ！

韓国の薬局で買うべきTOP3

韓国の薬局に行ったらまず何を買ったらいいのか、先生におすすめしていただきました！

（ 1位 ）

ビパンテン軟膏

軽い皮膚炎や乾燥肌のケア、火傷、アトピー性皮膚炎など本当にいろんな所に使える万能軟膏。実は韓国の薬剤師の間ではアイクリームとして人気です。

（ 2位 ）

メラトニンクリーム

色素沈着の治療薬でハイドロキノンが2%配合されたもの。比較的優しい配合でシミや色素沈着の治療薬を初めて使う方や、敏感肌の方におすすめです。

（ 3位 ）

インパクタミン プレミアム（医薬品）

疲労回復のためのビタミンBサプリメントはいろいろありますが、その中でも一番人気がこれです。夜よりも朝やお昼の食後に飲むほうが効果的です。

事情

イ・ヒョンジョン先生

薬剤師として21年の経歴を持つ。センムル薬局に勤務しながら薬剤師向けのセミナーも行う実力者。

Q.1 韓国で人気のサプリは？

ビタミンB、乳酸菌、オメガ3！

韓国で人気のサプリとしては、疲労回復のためのビタミンB、腸内環境改善や免疫力アップのための乳酸菌、そして炎症管理のためのオメガ3がベスト3に入ると思います。実際に私が勤める薬局でも、これらがよく売れていますよ。

Q.2 サプリはそもそもいつ飲めばいい？

基本的にはいつ飲んでもいい

スキンケアに関するほとんどの成分は1日の中でいつ飲んでも構わないものが多いですが、ビタミンCなどの酸性のものは空腹時に飲むと胃が痛くなる可能性があり、食後に飲むのがおすすめです。食後も痛くなる場合は、食事中でも問題ありません。

Q.3 飲み合わせを注意するべき成分は？

鉄分・マルチビタミンを摂るなら注意！

女性に人気の鉄分ですが、亜鉛・カルシウム・マグネシウムとの組み合わせはお互いに栄養素の吸収を阻害してしまうのでNGです。また、例えばマルチビタミンと組み合わせて他のサプリを摂る場合、成分が被ることがありますので、成分の量をチェックして、多めに飲まないように注意が必要です。

Q.4 肌タイプ別のおすすめサプリは？

乾燥肌：コラーゲン、脂性肌：亜鉛、混合肌：オメガ3

乾燥肌の方にはやはりコラーゲンです。カサついた肌をケアして弾力を高める効果があり、吸収率の高い液体タイプで飲むのがおすすめです。脂性肌の方には亜鉛ですね。免疫を高める成分として知られていますが、皮脂腺の活動を調整してくれるのでニキビにも効果的です。混合肌の方にはオメガ3です。炎症を抑える効果があり、韓国では若い世代も多く飲んでいる成分。紫外線への敏感度を下げて、肌ダメージを予防することもできます。

Q.5 サプリの休薬期間は必要ですか？

毎日摂取がおすすめ（脂溶性成分以外）

例えば、グルタチオンやビタミンC、コラーゲンなど体にとどまる成分ではない一般的なサプリメントなら、毎日摂取したほうがいいです。特にビタミンCは体内での作用時間が短く、1日のうちに3〜4回に分けて飲んだほうが効果的です。ただ、ビタミンA、E、Dなどの脂溶性成分の場合は、飲みすぎると体内に溜まって副作用が出る可能性もあるので気を付けましょう。

Q.6 美白効果にグルタチオン＋ビタミンCは有効？

はい！美白に欠かせない組み合わせです！

グルタチオン自体も強い抗酸化作用があり肌の再生機能を強化して、メラニン色素を抑える効果がありますが、ビタミンCと合わせることでその効果がさらに高まります。組み合わせて取り入れてください。

Nanaが厳選！
韓国薬局アイテムおすすめTOP3

最後に薬局コスメやサプリを試しまくってきた私のおすすめTOP3もご紹介します。

（ 1位 ）

リジュビネックス

先生におすすめしていただき試したのがきっかけ。一番お気に入りのPDRNクリームです。スキンケアの最後にこれを塗ると翌朝くすみどこ!?となります。

（ 2位 ）

Hanmi PRO-CALM レッドXクリーム

あざの回復を早めてくれるクリームは、スキンブースターをしたあとのあざ対策用に。さまざまなあざクリームを試した中でこれが一番治りが早かったです！

（ 3位 ）

Hanmi PRO-CALM フットクリーム

冬の味方！一年中塗っていますが、かかとに自信が持てます。かかと専用のクリームですが、私はひざやひじにも塗っていて、ちゅるんとさせています。

column 5

SHOP in SEOUL
ソウルおすすめスポット
狎鴎亭 & 新沙

肌管理の前後に必ずと言っていいほど訪れているのが狎鴎亭&新沙エリア。
私がリピートしているお気に入りショップをご紹介します。

CAFÉ

話題のクロッキー♡

クロッキーがおいしい♡

MY FAVORITE COOKIETERIA

マイ フェイバリット クッキーテリア

クロッキーが食べられるベーカリーカフェ。クロッキーとは、クロワッサン×クッキーを掛け合わせた言葉で、その名の通り、クロワッサンとクッキーが同時に楽しめる進化系パン。サクサク食感とほどよい甘さが好相性で、とってもおいしい。気が付いたらペロリ!

🏠 ソウル市 江南区
狎鴎亭路14ギル 15
🕐 10:00〜21:00
📷 my_favorite_cookie

094

YOGURT

シーズンごとの限定メニュー♡

一番好きな
ヨーグルト屋さん

YOU NEED
MY YOGURT

ユー ニード マイ ヨーグルト

韓国でハマったグリークヨーグルト。SNSでもたくさん紹介してきましたが中でも絶品なのがここ。季節ならではのフルーツを贅沢に使ったシーズンメニューは必ず頼みます。内装やヨーグルトの盛り付けもかわいくて、いつ行っても感動をくれるお店です。

㊟ ソウル市 江南区
江南大路162ギル 27-6
㊟ 11:30〜20:30（㊡日）
◎ you_need_my_yogurt

※ヨンナム洞にもお店があります。

一口食べれば
幸せいっぱい
超濃厚♡

FASHION

ディテールがかわいすぎる♡

CÉJ

シーイージェイ

カラーから
デザインまで
丸っと好み♡

スタンダードで使いやすいカラーリングをベースに、どこか個性の光るデザインが落とし込まれたアイテムが揃うCÉJ。つい手にとりたくなるものばかりなので、お店に足を運ぶたびに気持ちが高まります。この撮影の日にもリアルにお買い物を楽しみました！

🏠 ソウル市 江南区
狎鴎亭路10ギル 42
⏰ 12:00〜20:00（休月）
📷 cej.official

※聖水洞にもお店があります

CHAPTER

03

Nanaに届いた 1問1答

CHAPTER・03

PART.1
Nanaの美容

この本の発売に伴って、事前にInstagramで
フォロワーのみなさんに質問を募集させていただきました。
みなさんの気になることに、お答えしてきますね!

Nanaに届いた1問1答

Q.1
今まで一番良かった韓国での肌管理は?

Nana

リジュラン(リズネ)!
やはり私の肌にはリジュラン(リズネ)が一番合っていて、劇的に肌質が改善されたと思っています。

Q.2
今度、リジュランを受けてみようと思っています。
Nanaさんはいつも手打ちですが、
機械打ちと違いはありますか?

Nana

あります。
私は、あごや頬の色素沈着など、肌の色むらが悩みなのですが、手打ちにすることで、その悩みの箇所を重点的に、深さや注入量を変えて打ってもらうことができます。先生に悩みを相談すると調整してくださいます。機械打ちの場合は、肌全体に均等に薬剤が入っていくのと、痛みが手打ちよりもかなり弱いので、肌悩みが少ないならば機械打ちもおすすめです。

QUESTIONS & ANSWERS

Q.3

リジュランなどのスキンブースター(注入)を打ったあとのエンボスが気になります。エンボスが早く引くコツ、ポイント、過ごし方があれば教えてください。

Nana

再生クリームをこまめに塗って、水分補給！ お水をたくさん飲む！

再生クリームを塗るのと塗らないのとでは違うと実感しています。また、お水は１日最低２ℓは飲むようにしています。

Q.4

首に打つスキンブースター、痛いですか？

Nana

顔に比べると痛くないです！

あくまでも体感ですが、顔に比べると痛くない気がします。でも、あざはとんでもなくできるのでダウンタイムが辛いです。

Q.5

痛いとわかっていてもリジュランを受けた一番の理由は何ですか？

Nana

クリニックでおすすめされたから。

最初にクリニックのカウンセラーさんから、リジュランを受けたほうがいいとおすすめされたのがきっかけです。痛いですよ！と言われましたが、ここまで痛いとは思っていなくて、正直なめていました（笑）。

CHAPTER・03

Q.6

スキンボトックスをフェイスラインに打たれていたと思うのですが、効果はどうですか?

Nana

フェイスラインが整い感動しました!

最初に打ったときに、シュッとして「何ごと!?」と感動したのをよく覚えています。フェイスラインにスキンボトックス、すごく好きです!

Q.7

ガラッと印象が変わったと実感できた施術は?

Nana

フィラー!

特に頬コケ悩みにすぐ効果が実感できて変わったと思えました。あとは、インモードフォーマです。続けるようになってから、周りからも褒められるように。頬に高さが出てきて、小顔と言われることが増えました。

Q.8

肌管理後は2〜3日すっぴんで過ごされているそうですが、日焼け止めも塗りませんか?

Nana

日焼け止めは必須です!

日焼け止めは一年中、欠かさず塗っていて、日中も何度か塗りなおすようにしています。メイクをする日はHERA、体はSKIN1004、ダウンタイム中はセルフュージョンC、ZEROIDを愛用中しています。

（Nanaに届いた1問1答）

QUESTIONS & ANSWERS

CHAPTER・03

Q.9
肌管理後、再生クリームは何日間くらい塗り続けていますか?

1週間は必ず、朝・晩欠かさず塗ります!

再生クリームは、普通のクリームとしても使えるので普段から愛用していて、特にリジュダーマはダウンタイムが終わってからも使うことが多いです。

Nana

Q.10
インモードフォーマ×リズネのように相乗効果を感じたおすすめの施術が知りたいです!

リジュラン×水光注射!

私はインナードライよりの乾燥肌なのですが、リジュランと水光注射の組み合わせが私の肌にはよかったです!

Nana

Q.11
色素沈着したニキビ跡に効いた施術は?

シナジーMPXレーザー、リジュラン、水光注射。

どれもずっと続けている施術です。特に色素沈着を改善する施術は、効果が見えにくく本当に時間がかかるのですが、根気強く戦っていくつもりです。

Nana

(Nanaに届いた1問1答)

QUESTIONS & ANSWERS

Q.12

新しいクリニックにトライするとき、
どんなことを意識して検索しますか？

Nana

口コミをとにかく検索しまくる！

新しいクリニックの場合、クリニック自体が話題で調べることもありますし、気になる施術からクリニックを知ることもありますが、どちらの場合でも口コミを徹底的にチェックしてから予約します。

Q.13

クリニックはメニューを決めてから予約していますか？
いつごろ予約していますか？

Nana

2週間から1か月前にメニューまたはクリニックを決めて予約しています。

クリニックを予約するときは、施術メニューから決めるときも、クリニックから決めるときもあります。大体2週間から1か月前には予約するようにしていますが、人気のところはなかなか取れないので、韓国旅行が決まったらすぐに取ることをおすすめします。

CHAPTER・03

Q.14

クリニックでよく高い施術をごり押しされます。
Nanaさんはそんなとき、どう対処していますか？

それが自分に本当に必要か判断するべき！

Nana

私も経験あります。それがきっかけで自分に合う施術に出合えたこともありました。ただ、自分の肌や顔をきちんと理解していないと失敗するので、自分の肌タイプや顔のお肉のつき方などを理解して、勧められたのが本当に自分に必要かを冷静に判断するべきだと思います。

Q.15

日本の美容医療ではあまり効果が
出ていなかったのに、韓国では結果が出た理由は？

自分に合う施術を受けていなかったことが一番の理由だと思っています。

Nana

また、韓国はレーザーなどの出力のレベルも高いし、基本的にほとんど先生が直接担当する施術が多く（日本だと先生ではなく看護師の方がされる施術も多い）、悩みに合わせて調整してくださることも自分には合っていると感じています。それに、韓国のほうが価格が安いので手軽に受けられるのも理由です。

（ Nanaに届いた1問1答 ）

QUESTIONS & ANSWERS

Q.16

クリニックをはしごする理由を教えてください。
それぞれ得意な分野で施術を受けているのですか？

Nana

自分に本当に合う施術や
成分を見つけるため！

それぞれ得意な分野で施術を受けるということもありますが、セカンドオピニオンのような感覚で、自分に合う施術や合わない施術、成分をさまざまなクリニックで聞くことで、見つけているというのが、私がはしごをする大きな理由です。先生やカウンセラーさんに施術のこと、肌のことで自分が調べた情報に間違いがないのか答え合わせする時間も最高に楽しいです。

Q.17

ダウンタイム中に日焼け止めだけ使っている場合、
洗顔はどうしていますか？

Nana

肌にやさしい成分の洗顔料を
使って洗顔しています。

あとは、保湿系や、シカ成分などが入った保湿用のパッドでそっとふき取るだけのときもあります。

CHAPTER・03

Q.18

アートメイクのメリット、デメリットを教えてください！
また、アイライン、眉、リップ、ヘアライン
で一番痛かったものは？

Nana

メリット メイクが楽になる！
デメリット しいて言うなら、地味に痛いこと（笑）

やはり一番はメイクが本当に楽になることです。眉毛はベストなバランスで描くのに時間がかかりますが、その必要がないのがいいです。リップのアートメイクの場合は特にすっぴんでも健康的に見えるので、日焼け止めだけ塗って外出できちゃうのが楽ちん。今まで受けたアートメイクの中で一番痛かったのは、リップです！

Q.19

アートメイク直後で気を付けていることはありますか？

Nana

なるべく濡らさないことです。

また、数日はすっぴんで過ごして、洗顔はふき取りパッドを使う程度に留めます。リップはとにかく保湿が大切なので、私はホホバのリップをジュルジュルに塗って乾かさないように。皮がむけてくるのですが、無理にはがさないようにすることも気を付けました。また、辛いものを控えるなどケアを徹底しました。

（Nanaに届いた1問1答）

QUESTIONS & ANSWERS

Q.20

夜の入浴時のスキンケアルーティーンを
教えていただきたいです
(クレンジングのタイミングなども知りたいです)。

Nana

1. **お風呂に入る前に
クレンジングでメイクを落とす**

※アイメイクやリップはポイントメイクリムーバーで落とす

2. **シャワー**

3. **お風呂につかってしっかり温まる**

お風呂につかっている間に動画の編集をしたり調べもの
をしたりすることが多いです。

4. **頭と体を洗う**

※週に1〜2回はボディスクラブをします

Q.21

無人島にスキンケアアイテムを3つ持っていけるなら
何にしますか? 生涯スキンケアを知りたいです。

Nana

**今ならI'M MUSEの水分アンプル、
AESTURAのクリームミスト、SKIN1004の
センテラアンプルとパッド。あと再生クリームも!**

3つに収まりきらなかったです(笑)。

CHAPTER·03

PART.2
Nanaのこと

ありがたいことに私が発信する情報だけではなく、
私自身についての質問もたくさんいただきました。
いくつかピックアップして回答させていただきます♡

Q.22
落ち込んだときに、これをすると立ち直れることって何ですか?

Nana

身近な人に話す！ たくさん寝る！

私は考えれば考えるほどマイナス思考になり、負のループに陥りがちなので、落ち込んだときは家族や身近な人たちに吐き出すようにしています。そうすると「あれ、そんなに落ち込む必要なくない？」と気が付き、いつの間にか気持ちが軽くなっています。あとは、たくさん寝ること（笑）！

Q.23
一番の原動力は何ですか？

Nana

フォロワーさんからのDM！

自分自身が楽しいことを発信していく中でいただくフォロワーさんたちからのDM。喜んでもらえることが本当にうれしくて原動力になっています。

Nanaに届いた1問1答

QUESTIONS & ANSWERS

Q.24

MBTI（性格診断）は何ですか？

INFP！

INFPは「仲介者」だそうです。自分らしくいることを大切にしています。ただ、一人で抱え込んでしまうこともあります。

Nana

Q.25

日々心がけていることは？

悪口を言わない！人は人！

人の悪口は言わないこと、自分は自分と考えて人のことを気にしないこと、マイナス思考にならないように楽しいことを考えること、あとは、お水をとにかくたくさん飲むこと！

Nana

Q.26

韓国に住む予定は？

ないです。

今のように行き来する生活スタイルが好きでメリハリがつくのと、何より行くために調べる時間が楽しいので。生活拠点は日本がいいです。

Nana

CHAPTER・03

Q.27

韓国語はどのくらい話せますか？

あまり話せません。
ただ、だんだんと聞き取りができるようにはなってきました。

Nana

Q.28

韓国でガシガシ歩けるお気に入りの
スニーカーは？

ニューバランス！

私の足によくフィットするので、スニーカーはニューバランス一択です！

Nana

Q.29

これからやりたいことや、夢があれば教えてください。

**どこよりも詳しい美容サイトを作りたい！
今よりも楽しいことをして過ごしていたいです！**

本書を出すにあたって韓国でたくさん取材をさせていただき、いつかファヘ（韓国の美容口コミアプリ）のような超詳しい美容サイトを作れたらいいなと漠然と思うようになりました。また、今も日本で一番韓国美容が好きな自信はあるけれど、世界で一番韓国美容が好きで詳しい人になっていたい。そして、今よりも楽しいことをして過ごしていたいなと思います。

Nana

> Nanaに届いた1問1答

QUESTIONS & ANSWERS

PART.3
韓国について

韓国についてのご質問もたくさんいただきました。
私なりのおすすめをご紹介します。
ぜひ参考にしていただけるとうれしいです。

Q.30

ホテルはどのエリアに泊まることが多いですか?
おすすめを教えてください。

Nana

江南エリアです。

私の旅は、美容がメインなので、美容医療のクリニックや皮膚科が集まっている江南エリアに宿泊することが多いです。定宿はなく、いろいろなところに泊まっています。

Q.31

初めて韓国で肌管理をします。
Nanaさんだったら、観光、ショッピング、
肌管理をどの順番で行いますか?

Nana

日によって分けるのがおすすめ!

もし2泊3日だったら観光とショッピングの日、肌管理(+カフェ)の日のように、日によって分けることをおすすめします。

CHAPTER・03

（Nanaに届いた1問1答）

Q.32

韓国でおすすめのお土産が知りたいです！

GS25（韓国のコンビニ）で売っているアンニョンサンド。

あとは、仁川空港のパリバゲットで売っているケーキもおすすめです。

Nana

Q.33

韓国語がまったくわかりません！
初韓国でしかもひとり、なんとかなりますか？

なんとかなります！

私も初めて韓国で美容医療を受けた際、韓国語は挨拶ぐらいしかわからないレベルでしたが、ひとりで行きました。言葉はわからなくても、なんとかなりますよ！

Nana

Q.34

韓国のトレンドはどこから仕入れていますか？

美容はX、その他はXとインスタがメインです。

毎日ほぼXかインスタで、韓国の情報をひたすらおいかけています（笑）。

Nana

QUESTIONS & ANSWERS

Q.35
韓国の洋服ブランドでおすすめはありますか?

最近だと、CÉJ、SOMEWHERE BUTTER. が好きです。

Nana

シンプルだけど色使いがかわいかったり、どこか個性を感じさせてくれるようなデザイン性のある洋服が好みです。

Q.36
韓国への安い航空券の取り方が知りたいです!

格安航空券が比較できるようなアプリで取ることが多いです。

Nana

なるべく平日に調べて、安いタイミングで迷わず取るようにしています。また、航空会社のアプリでもセールをしていることもあるので、そのときに取っておくこともあります。

Q.37
航空券とホテルは別に予約していますか?
また、ホテルは何で取ることが多いですか?

別々に取ってます!

Nana

ホテルは、アゴダなどのアプリ経由で取っていて、ポイントを貯めています! 少しでも節約、節約!

CHAPTER・03

Q.38

韓国で日傘はさしますか？
韓国でさすと迷惑がられないか心配です。

Nana

真夏はさします！

日傘を持ち歩くと色々なところに忘れてきてしまっていたのですが、真夏は紫外線が強いのでさします。また、韓国では日傘をさしている方もたくさんいらっしゃいますよ。

Q.39

初めて韓国に行きます。
クレジットカードは使えますか？
それとも現金のほうがおすすめですか？

Nana

クレジットカードとWOWPASSがおすすめです！

クレジットカードは使えますが、日本発行のものはクレジットカード会社からの制限がかかり、韓国の一部のお店では使えないこともあるようです。事前にクレジットカード会社に連絡を入れるのがおすすめです。また、WOWPASSというカードがあり、主要な駅やホテルなどで発行できるのですが、日本円でチャージできて、韓国のクレジットカードと同じように使えます。アプリと連携しておけば、残高や使った金額なども可視化できてとても安心ですよ。逆にウォンの紙幣はほぼ使いません。たまにティーマニー（交通カード）などにチャージするときのために少しだけ持っていく程度です。

> Nanaに届いた1問1答

Nana's TIPS ①

FOUNDATION

化粧直ししないNana直伝!
崩れないベースメイクのレシピ

ファンデ ヨレてる民 今日から 卒業!

日中もベースメイクが崩れないので化粧直しはしていません。
キーワードは「角質・保湿・薄く塗る」。私のベースメイクの作り方を全部教えます。

用意するもの

☑ **朝のスキンケア**
P018参照

☑ **下地**
ジョンセンムルまたはhince、ニキビ跡・色素沈着にVDL（ブルー）

☑ **メイクアップフィクサー**
ジョンセンムル マイクロ フィッティングミスト

\ 試しまくってたどり着いた! /
Nana的崩れないクッション代表!

☑ **ファンデーション**

1. ジョンセンムル マスタークラス ラディアントクッション
2. BANILA CO カバーリシャス アルティメット ホワイト クッション モイスチャー

recipe

1 肌の温度を下げる
水分をしっかり入れ込んで水分量を変えて肌の温度を下げる。それによってメイク崩れしない肌のベースが作れる。

2 下地を使い分け
下地はスポンジで薄く均一にのばす。色素沈着などが気になる部分はトーンを調整するタイプの下地をトントンと重ねる。

3 ブラシで均一に
クッションを頬、おでこなどの広いところにポンと置いたあとWAKEMAKEやピカソのファンデブラシで均一に仕上げる。

4 フィクサーで仕上げ
最後は、ジョンセンムルのミストタイプのフィクサーを顔全体にまんべんなくつくように2〜3回振りかけたら完成!

韓国のヘアメイクさんに聞いた!
"落ちないメイク"仕込み技

ベースメイクだけではなくアイメイクが崩れずきれいに仕上がるコツも教えてもらいました!

「メイク前に意識したいのが洗顔と保湿です。肌の表面を滑らかにして、しっかり保湿し、肌を最高の状態に整えることが必要です。またスキンケアもベースも少量を何度も重ね、部位によって量を調節することで崩れにくく立体的なメイクが完成します。メイクもスキンケアも、いつもよりひと手間加えると、本来の魅力をもっと輝かせることができますよ。」

メイクアップ アーティスト ウンハ先生

国内外から人気のメイクアップサロン CHAJEL MAKEUP 代表。
@chajel.makeup

Q 崩れないベース作りのポイントは?
肌温度を下げ保湿が重要
「肌の温度を下げて潤った肌を作ることが最重要。スキンケアは肌質に合った製品を選び段階ごとに叩き込んで吸収させます。多く使いすぎないことも大切」

Q ファンデの塗り方は?
ブラシで少量を薄く塗る
「少量のファンデを肌が厚い頬に塗り、残った量で目元、鼻などに薄く塗ります。ブラシを使うと毛穴カバーにも◎。またコンシーラーを何度も叩き込むとカバー力と密着力が高まります」

Q 落ちないアイメイクの作り方は?
油分チェック+アイプライマーを使う
「目元は油分が少ない状態がベスト。アイプライマーをほんの少量使うとファンデが小ジワに入り込むのを抑え発色力を高めます。SO' NATURAL と mude がおすすめ」

Nana's TIPS ②

PARTS CARE

Nanaがやってるパーツケア教えます

肌管理と同様に大切にしている目元やヘア、ハンドなどのパーツケア。
フォロワーさんからたくさんご質問をいただく
パーツケアについてまるっとまとめてみました。

HAIR
好みの質感と香りで選ぶ

1. now & than のヘアオイルはベタつかずとてもいい香りで気に入っています。**2.** サラツや髪に整えてくれるミストは SALON 10 のもの。**3.** シャンプー＆トリートメントはオージュアを愛用中。

※美容専売品

EYEBROW
眉毛はサロンに お任せ♡

アートメイクが終わっているので、数か月に1回、韓国のヘアメイクサロンに行ったときに、ついでに整えてもらっています。

EYELASH
パーマ＆ケアで 目元をパッチリ

まつげはパーマをかけていて ddyou にお任せしています。もちがいいので1か月半に1回ほど。ケアは COSNORI のまつげ美容液をオン！

📷 dd.you.hj

LIP
ぷりぷりリップ 4種の神器！

1. 夜寝る前には必ずラネージュのリップスリーピングマスク。**2.** 角質が気になるときは TOCOBO のリップでケア。**3.** JOJOBA は日中に。**4.** バイオヒールボはプランパー効果がほしいときに。

HAND
いつでも しっかり保湿

1. 15種類くらいのハンドクリームを気分によって使い分けますが、最近はアニーロがスタメン。**2.** ネイルケアには WAKEMAKE のネイルオイルを愛用。

BACK
脱・汚背中！ 施術にも頼る

見せられる背中に憧れてアラジンピールを受けるようになりました。毎日のケアには ILLIYOON のボディ用ミストでニキビができないようにケアしています！

Nana's TIPS ③

目指せ！水分爆弾！

MOISTURE

水分を制して
勝ち組肌になるためのQ&A

教えてくれたのは
この方

Dr.Gチーム長
クォン・ユリさん

クリニックの室長さんから「水分の重要性」について
教えていただく機会があり「これは超大事！」と、急遽予定のなかった
本ページを追加。美肌になるには、水分を制するが勝ちです！

Nana

そもそも水分とは？

ユリさん

肌を保湿してくれる成分のことです！

美容成分でいう水分とは、保湿成分をさします。具体的には、ヒアルロン酸やセラミドなどが挙げられます。

Nana

韓国人は成分を1つ選ぶなら水分って本当？

ユリさん

本当です！

韓国では、肌にとって水分はとても大切な成分だと考えられています。多くのスキンケア製品が水分供給を強調しているのもそのためです。また、世界で唯一「水分クリーム」という言葉を使うほど水分ケアに本気です。

Nana

水分はなぜ大事なの？

ユリさん

肌の健康と美容に直接関係しているから！

水分は肌のバリア機能を強化して、ハリとツヤを維持するのに役立ちますし、肌の水分が十分にあれば、肌が健康で柔軟に維持されます。逆に水分が足りなくなると、シワができやすくなったり、肌が荒れたりするだけでなく、敏感になり、老化が早まることも。ほとんどのスキンケア製品においても水分が採用されている通り、水分は肌に大事な成分と言えます。

Nana

水分をとるとどうなる？

ユリさん

ほかの美容成分もより効果的に作用します！

水分が十分にあれば、ほかの美容成分がより効果的に作用するのも見逃せないポイントです。また、滑らかな肌に導き、弾力を保ち、乾燥や刺激による肌トラブルを予防することもできます。外部環境に対する抵抗力も高まるため、肌の健康が全体的に改善されます。

Nana

どんな肌タイプもOK？

ユリさん

はい、OKです！

水分はすべての肌タイプに基本的に必要な要素なので、どんな肌タイプの方でも安心して取り入れていただけます。また、お手持ちのスキンケアと合わせていただいても問題ありません。

Nana's TIPS ④

\ 韓国は日焼け止め消費率世界1位 /

日焼けこそ肌が老いる元凶

肌美人の必須スキル！
日焼け止めマスターへの道！

教えてくれたのはこの方

セルフュージョンC
イ・ハンナさん

肌が老いる大きな原因はずばり紫外線。光老化とも言われますが、
実は加齢よりも紫外線を浴びてしまうことで肌が老いてしまうのです。
そんな恐怖の紫外線から肌を守るために必要なスキルが
日焼け止めを理解し適切に使うこと。
これを読めばあなたも今から日焼け止めマスター！

START!

Nana

Nanaはこうする！
汗をかきやすい春夏は無機、
秋冬は有機と使い分ける！

LESSON 01
そもそも日焼け止めとは？

紫外線から肌を守る効果があるコスメのことです。韓国では幼いときから日焼け止めを使うことが当たり前で、季節に関係なく毎日使用しますので、オリーブヤングなどでは一年中日焼け止めコーナーが設置されています。また部屋の中にいても紫外線を浴びているので、室内でも使うほうがベター。

LESSON 03
酸化亜鉛・紫外線吸収剤って何？悪いもの？

まず韓国では紫外線の成分として無機と有機に分けることができます。無機は紫外線を肌の上で弾き飛ばす効果があり、それに必要な成分が酸化亜鉛です。こども用の医薬品軟膏やパウダーなどにも使われ、安全性が高いです。トーンアップ効果がありテスクチャーは硬め。ただ、これは鉱物(粉)で毛穴に残りやすいため、毛穴に悩んでいる方は酸化亜鉛入りは避けるのも手です。また日本の日焼け止めに多い有機は、有機化合物が紫外線を吸収し化学反応で別のものに変え紫外線から肌を守るもの。塗り心地は軽いですが汗に弱いです。

LESSON 02
よく聞くSPF、PAって何のこと？

紫外線を遮断する機能を数値化したものです。紫外線にはUVAとUVBという種類があります。肌の奥に入り込んで、色素沈着をはじめ肌に深刻なダメージを与えてしまうUVAを遮断するものをPA、肌の色を黒くしてしまうUVBを遮断するものをSPFと表記します。例えば「PA++++」の場合、UVAを遮断する最高値であり、「SPF50＋」はUVBを約98％遮断するという意味になります。日常生活で使うのであれば、SPF30程度でも十分です。

韓国人気

日本人気

\ 教えて先生！Nanaの疑問を共有！ /

LESSON 04 日焼け止め効果がある？

Nana：例えばファンデなどにも紫外線を遮断する効果があるものもありますが、その場合は日焼け止めは塗らなくていいですか？

ハンナさん：ベースコスメの前に日焼け止めを塗るのが基本です。日本の方は重ね付けすることが苦手な人が多い印象です。

Nana：そうですね。私は自分の肌に合ったコスメを重ねるタイプなのですが「塗りすぎでは？」という意見をいただくこともあります。

ハンナさん：韓国では化粧品の役割がそれぞれ違うと考えており、例えば日焼け止めは紫外線を遮断するためなのでスキンケアに含まれます。肌をきれいに見せるのはベースから。セルフュージョンCの日焼け止めは韓国では軽いつけ心地の「レーザーサンスクリーン」

が一番人気ですが、日本では日焼け止めとトーンアップ、メイクのりがよくなる下地効果が一緒になったものが人気です。また、韓国では日焼け止めを何本か所持して目的に合わせて選んで使うというのも一般的です。

Nana：「紫外線を遮断するのに一番いいのは日傘だ」という投稿をSNSで見ました。それは事実ですか？

ハンナさん：日傘だけでいいというわけではなくて、あくまでも日焼け止めを併用することでより紫外線遮断効果が高いということを意味だと思います。例えば、外に出て日傘をさしながら運動はできないですよね？そもそも日傘か日焼け止めかという比較はできないはずです。

今日から
\ 日焼け止め /
マスター！

GOAL!

LESSON 05
どのくらいの量をどこまで塗る？
塗り直しはする？

顔に塗るときは1回人差し指の第二関節くらいにたっぷり出し、少しずつ重ねて塗るのが正しい塗り方です。また、首や肩までしっかり塗れたらベストです。塗り直しは、日常生活であればSPF30程度の日焼け止めを、日中に2〜3回ほど塗るのがおすすめです。

日焼けしやすい＆大の日焼け止め嫌いのNanaが
オリヤン商品をほぼ試して厳選！

毎日つけたくなる日焼け止めコレクション

HERA
UVプロテクト
マルチディフェンス
フレッシュ

私の人生コスメのひとつ。とにかく軽くてみずみずしいのでスキンケアの延長として使え、難なく続けられる点が気に入っています。

SKIN1004
ヒアルーシカ
ウォーター フィット
サンセラム

すっとのびて軽いつけ心地なのに、日焼け止め効果が高いお気に入りのアイテム。最近は、ボディ用としてたっぷり使っています。

セルフュージョンC
アクアティカ
サンスクリーン

美容医療を受けたあとの日焼け止めとして愛用中。ドクターズコスメで敏感肌でも安心して使える信頼度の高さは群を抜いています。

「身長171㎝、体重48kg」——
これは学生時代から変わらない
私のボディプロフィールです。
フォロワーのみなさんから
よく体型維持の方法についても
ご質問をいただくので、
このチャプターでは
私の体の管理について
まとめてみました。

CHAPTER

04

／

私がたどり着いた
ボディケア
8つのこと

CHAPTER・04

Nana's BODY CARE

✦ ✦ ✦

#01
脚やせの大敵 むくみは その日のうちに 撃退する

（私がたどり着いたボディケア8つのこと）

フォロワーさんから「脚を細くするためにはどうしたらいいですか？」と本当にたくさんの質問をいただきます。私は、脚がむくまないよう普段からかなり心がけています。毎日たくさん歩いて脚を動かしますが、歩くときは大股で、おなかを思いっきり引っ込めることで筋トレにもなるのでおすすめです。また、外食して塩分の多いものを食べたあとは、酵素を飲み、ボディクリームを塗ってコロコロ付きのマッサージ器具を使い脚のリンパを流して、着圧ソックスを穿きます。フルコースです（笑）。お風呂にしっかりとつかって温まり、体を冷やさないようにすることも欠かしません。加えて、塩分の多いごはんをたくさん食べるとむくみやすくなるので、次の日はなるべく塩抜き（塩分を摂らないようにする）をするようにしています。私はこれらが習慣化しているのでまったく苦ではありません。これが脚の太さが学生のころからずっと変わっていない理由だと思っています。

Nana's BODY CARE

✦ ✦ ✦

#02 健康とボディケアのためにプロテインを飲む

タンパク質は体を構成する要素として欠かせない栄養分ですよね。ダイエットをするにもただ食べる量を減らすだけでは、一時的に体のラインが変わったとしても、逆に太りやすい体を作ってしまう原因になると聞きます。太りにくい体を維持するため、また健康と肌や髪のために、豚肉と鶏肉は積極的に食べるように意識していますが、1日に必要と言われるタンパク質40gという量は、食事だけで補うのは大変です。そこでこの1年ほど続けているのが、プロテインを飲むこと。朝必ず1杯は飲むようにしています。また、タンパク質が摂れないと思う日は、1日に2回飲むようにしていて、コンビニでも手軽に手に取ることができるプロテイン飲料をおやつとして飲むこともあります。具体的な変化は見えにくいものですが、健康と太りにくい体の維持、肌や髪のために、プロテインでタンパク質を十分に摂ることは、これからも続けていこうと思っている習慣です。

※プロテインが合わない体質の方もいらっしゃいます。例えば、プロテインを摂ってニキビができるようになった方は、プロテインが合わない可能性があり注意が必要です。

CHAPTER・04

Nana's BODY CARE

✦✦✦

#03
外食は
ほとんどしない
自炊で美活

（私がたどり着いたボディケア8つのこと）

私は、SNSで韓国のごはん屋さんの紹介もしているので、外食が多いと思われがちですが、日本にいるときはほぼ自炊で、外食はめったにしません。普段は、納豆、オクラ、とろろ、めかぶ、もずくなど、ねばねば系の食材をメインに料理をすることが多くて、本当に質素な食事をしています（笑）。また、鶏むね肉のサラダチキンを使って、キムチと一緒に野菜で巻いてポッサム（韓国のゆで豚料理）風にして食べるのもおすすめです。味付けには、ごま油＋塩、サムジャン（韓国の肉料理によく使われる甘辛い味噌）をつけて食べるととってもおいしいですよ。茄子の煮びたし、カブと梅の鰹節のせも好きでよく作ります。こうやって改めて自分の食生活を振り返ってみると、本当にシンプルなものしか食べていないですね（笑）。ただ、夕飯にはお米を2杯くらいしっかり食べています。外食するとカロリーオーバーになりがちですが、自炊で無理のない美活になっています。

Nana's BODY CARE

✦ ✦ ✦

ダイエットに成功した人でも、リバウンドしてしまった経験がある方も少なくないのではないでしょうか？ 以前、ダイエット専門のクリニックの先生から「体重を落として終わりではなく、それをキープし続けることが一番大切」と教えていただきました。私は学生のころから体型が変わっていませんが「太らないほう」を選択するくせがついていることも体型がキープできている理由なのではと考えています。例えば、ご飯は白米ではなくて玄米にするとか、同じ量を食べるのに早く食べるのではなくゆっくり食べるなど。ただ、ストイックになりすぎない程度に。仮に炭酸飲料か水かを選択肢に置いてしまうと、それがつらいと感じる場合もあると思います。それなら選択肢のレベルを抑えて、炭酸ではなく果汁100％のジュースにするなど、まずはそれでいいと考えています。ちりも積もれば山となり、数か月後、数年後の違いになってくるはずです。今からすぐにできる取捨選択を始めてみませんか？

#04

太らないほうを選択するくせをつける

CHAPTER・04

Nana's BODY CARE

✦ ✦ ✦

#05

（私がたどり着いたボディケア8つのこと）

運動が体にいいことはもちろんわかっているので、以前はピラティスやジム通いなどにトライしてみたのですが、残念ながらまったく続きませんでした。運動はとても苦手です。ただ、何か運動はしたいと考えていて、思いついたのが歩くことです。私は散歩をすることは大好きなので、日々とにかくたくさん歩くことを意識するようにしています。また、歩くときのポイントは、おなかの中心にこれでもかというくらい、ぐっと力を入れて、背筋を伸ばし、大股で早歩きすること。それだけでも、体がじわりと熱くなるので、いい筋トレにもなっていると思います。私のように運動が苦手な人でも、これなら簡単にできますし、何より無料です。歩くことが難しい場合でも意識的にぎゅっと筋肉に力を入れるのがおすすめです。たったこれだけですが、最初は1分続けるのも大変なはず。また、歩いたあとは先に紹介したむくみ対策でしっかりとケアすることもお忘れなく。

やっている運動は
おなかに力を入れ
ひたすら歩くこと

Nana's BODY CARE

#06 数字にとらわれない見た目の美しさを意識する

「体重が〇kg落ちた！」「〇kg減量成功！」……それって、本当に成功なのでしょうか？ 体重という数字ばかりにとらわれて、体重はきちんと落ちたけれど、肌がたるんで老けて見える、ガリガリすぎて貧相に見えるなど、残念な結果になることもあるのではないでしょうか。私は自分自身で、自分のベスト体重を理解していて、今の体重から落としたり増やしたりしないよう意識しています。以前、SNSで素敵なモデルさんが自分の体重を公開しているのを見て、思っていたよりも体重があることに驚いたことを覚えています。体重に縛られることなく、自分の好きなボディラインを理解しているからだとおっしゃっていて、共感しました。私なりのベスト体重かどうかの基準は、自分が写った写真や動画を目にして、写りたくないと思わないかどうかです。ダイエットで体重を落とすことは、あくまでも美しい見た目になるための手段であって、目的ではないと思います。

CHAPTER・04

Nana's BODY CARE

✦ ✦ ✦

#07
代謝をあげるために冷たいものはできるだけ控える

（私がたどり着いたボディケア8つのこと）

太りにくい体を維持するためにずっと続けているのが、代謝をあげることを意識するということです。そのため、なるべく体を冷やさないようにしていて、冷たいものはあまり摂らないようにしています。韓国でよく飲むジュースも、氷なしを選択し（スイカジュースは別）、自宅で何か飲むときは常温。ただ、まったく冷たいものを飲まない、食べないは難しいですし、私もアイスやかき氷が食べたくなるときだってもちろんあります。ただ、冷たいものを食べたり飲んだりしたあとには、温かいものを飲むなどで調整します。また、真夏でも夕飯には必ず温かいスープや飲み物を用意して、それから飲むようにしています。食事はよく、サラダから食べるといいという話を耳にしますが、実はそれは体を冷やしてしまう原因になるのだそうです。まずは腸を温めるものから食べるほうが代謝があがるのだと、韓方医院の先生から教えていただき、それから実践しています。

Nana's BODY CARE

✦ ✦ ✦

ボディケアと言うと、ダイエットや体型管理にフォーカスを当てられがちですが、やはり健康が第一。体が元気でなければ何もできません。私はもともと体調を崩しやすく、風邪をひいて寝込むこともしばしば。以前、私がフォロワーさんたちをアテンドする美容ツアーを韓国で実施したのですが、満足してもらえる企画をずっと考えていて寝不足が続いていました。こういう場合、ほぼ100％風邪をひくので心配していましたが、当日の体調は万全でイベントは無事に終了。そして母から「そういえばここ数か月風邪ひかないね」と

#08 体の調子を整えてくれるものを見つける

言われてハッとしました。振り返ってみると、その数か月前からラクトフィットという乳酸菌サプリを何気なく毎日続けて摂っていました。即効性があるものではないのですが、こういうお守りのような存在があると知れただけでも心強いです。サプリでも食べ物でも、自分の体の調子を整えてくれる何かを見つけておくことをおすすめしたいです。

column 6

BODYCARE SPOT

\ 体 も 心 も 癒 さ れ る 大 切 な 場 所 /

Nanaが通う
ボディケア極上空間

韓国で肌管理といっても顔だけではありません。体のコリや汚れをしっかりと落とし
ずっと触っていたくなるような肌触りにしてくれる癒しのスポットを紹介します。

Spa Heum
スパ・ヘウム

まるで滑り台!?
体がつるつるになる
高級あかすり

何度通ったかわからないほど大好きなボディケアサロン。女性専用で、1対1のプライベートな個室であかすりをしてもらえます。バスタブまたはサウナで体を温めたあと、あかすり師の方が丁寧に体を磨いてくれるのですが、洗い上がりはまるで滑り台みたいにつるつるになるので、受けるたびに感動します。また、あかすりと一言でいっても、サービスの内容が大充実すぎるのです。院長先生のこだわりを落とし込んで作られた贅沢なアンプルをたっぷりと使ったボディマッサージから、牛乳あかすりで乾燥・敏感肌にも対応してくれる安心感、終わったあとにはパッションティーのサービスまでと至れり尽くせりのフルコース。まさに極楽とはこのことです。

プライベートな
高級あかすり
ハマります♡

🏠 ソウル市 江南区 彦州路311
ローズ1タワー 地下1階 102号
🕐 8:00～24:00
📷 heum_spa

River Hill SPA

リバー ヒル スパ

まさに極上スパ！
贅沢な空間で
体をほぐしていたわる

セルフラブ（自愛）という言葉があるように、自分を大切にしたい、自分にご褒美をあげたいと思ったときに訪れるのがここ。高級感あふれるプライベートな空間は、一歩足を踏み入れた瞬間から気持ちが高まります。そして、ここのボディ＆フェイシャルマッサージは格別。ふわふわと柔らかな肌質になるだけでなく、全身の疲れがすっと溶けていくような感覚で体が軽くなります。全身をくまなくマッサージしてもらったあとには、上の階にあがり、韓国の象徴ともいえる漢江が見下ろせる解放感あふれる空間で、アフタヌーンティーをいただくというファンシーなサービスが待ち構えています。漢江の景色とおいしい紅茶とお菓子でとても贅沢な気分が味わえます。

㊟ソウル市 龍山区
　UNビレッジ3ギル183
営 10:00〜22:00（日〜19:00）
📷 riverhillspa_official_

column 7

KOREAN FOOD

遭遇率高め！
Ｎａｎａの韓国ひとりごはん

ジャンジニョン カンジャンケジャン

> カンジャン
> ケジャンの
> ＭＹベスト！

私的No.1 カンジャンケジャンがここ！ぷりぷりとした身がしっかりと詰まったケジャンは、口の中でとろけます。少しお高いたまご入りのほうを、ぜひ試してみてください。

㊟ ソウル市 龍山区 読書堂路46
漢南アイパーク地下1階
㊠ 11:30～22:00

牛家

> 目の前で
> 炙られたユッケが
> どっさり！

ひとりでよくランチタイムに行くお気に入りの焼肉店。ここの新鮮なユッケを使ったどんぶりが絶品です。ユッケを目の前で炙ってくれ、それを崩しながら食べるともう最高！

㊟ ソウル市 江南区 島山大路49キル
22 地下1階
㊠ 12:00～21:00（ブレイクタイム 14:00～17:00）

新沙コッケタン 本店

> ここの
> カニ鍋に感動！
> ぜひコースで！

カニ鍋が食べられるお店。初めて食べたときはあまりのおいしさに感動。ここのカンジャンケジャンも美味しいので、セットになったコースをぜひ味わってみてください！

㊟ ソウル市 江南区 江南大路160キル
11 1階
㊠ 11:30～23:30（日12:00～21:00）

Lilion

> 焼き立て
> パンの幸せな
> 香りに包まれて

かわいい外観とおいしそうなパンの香りにひかれて立ち寄ったお店。バターとリンゴジャムのバゲットサンドとコーヒーは朝ごはんに最高でした。他のパンも食べてみたい！

㊟ ソウル市 龍山区 漢南大路27街キル15
㊠ 9:00～19:00（㊡ 月）

韓国はひとりでごはんを食べられる場所が
日本ほどは多くない印象ですが、
私にとって「ひとりごはんできる場所」はとても貴重。
何度も旅して見つけた大好きなお店を紹介します。

ヌンドンミナリ 聖水店

新鮮なセリ料理がたっぷり堪能できる

韓国ではミナリ（セリ）がトレンドですがそのきっかけとなったお店といっても過言ではない店。ユッケ丼もコムタンも本当においしい！シャキシャキ食感のセリがたまりません！

㊟ ソウル 城東区 練武場キル 42
㊖ 10:00〜翌2:00

江南麺屋 本店

冷麺とカルビチムが同時に堪能できる♡

私の母が一番好きな冷麺のお店。のど越しがよく適度な酸味が効いた冷麺は食欲がないときにもするすると入ります。ここの名物でもあるカルビチムも甘辛くておいしい！

㊟ ソウル市 江南区 論峴路 152 キル 34
㊖ 10:00〜22:00

サダキンパ 狎鴎亭駅店

サクッと入れて手軽に食べられて◎

韓国で比較的見つけやすいチェーンのキンパ屋さん。滞在する場所の近くにあることが多いので、おなかがすいたときにサクッと立ち寄ります。24時間営業なのもありがたい！

㊟ ソウル市 江南区 論峴路 171 キル 4
㊖ 24時間

誰かと一緒ならここのお肉！

セドルチブ

もともと脂身のあるお肉があまり得意ではないのですが、ここのお肉は別。魚介類などと一緒に食べられることもあり、絶品ソースにつけてバクバク食べられます。

㊟ ソウル市 江南区 彦州路
148 キル 14 ナ棟 108号
㊖ 11:30〜22:00（土 12:30〜21:30）

OFF SHOT

韓国の撮影スタジオなら誰でもアイドルになれる!?

Nana撮影の裏側&韓国メイクテク大公開

韓国では、芸能人のようにプロにヘアメイクをしてもらい素敵な写真を撮影してくれるスタジオがたくさんあります。この本の表紙などで使っている写真は、私がお気に入りのスタジオにお願いをしました。
どんな撮影をしたのか、メイクのポイントとあわせてぜひチェックしてみてください。

1. カメラマンさんがポージングも指示してくれます。うまくできなくても安心。2. スタジオだけれど自然光のような雰囲気も作ってもらえます。3. ヘアメイクが仕上がった直後。うれしくてついパチリ。4・5. どれも使いたいカットばかりで選ぶのが本当に難しかったです。今回も大満足でした!

まるで別人級! 可愛さを最大限引き出してくれる

私が渡韓するようになって肌管理とともにハマったのが、まるでアイドルのようになれる韓国メイクとスタジオでの撮影。スタジオ「ミラーバイミー」は、Instagramでたまたま見つけて訪問し、別人級の素敵な仕上がりに感動した場所。この本を作ることが決まったとき、表紙はここで撮影したいと思っていたので実現してうれしかったです。カメラマンは、芸能人の広告撮影も手掛けるレイ・ジュンさん。アシスタントさんは日本語が可能で、好みを伝えるとすぐに意図をくみ取ってくださり、素敵な写真に仕上げてくれます。最近は日本からのお客様が増えたそう。韓国旅行の思い出にもおすすめです!

> Nanaが学んだ！

韓国メイクのポイントを伝授！

今回は3パターンのヘアメイクをしたのですが、中でも日ごろから使えそうなテクニックが満載だったカットを例に、韓国ヘアメイクのポイントをまとめてみました♡

POINT.1
チークはW使いする

印象的だったのがチークのW使い。異なるカラーを少しずつ重ねて、肌になじむ色味を微調整しながら作りこんでいく。また、写真撮影用にはあえて濃い目に入れるほうがちょうどいいのだといい。

POINT.2
束感つけまつげはカンパク

韓国メイクの特徴のひとつが、つけまつげ。「カンパク」の部分つけまつげが鉄板。オリーブヤングで購入できます。

POINT.3
アイラインはシャドウで下書きする

ホリカホリカのシャドウでアイラインのベースを下書きするのが鉄板のよう。他のヘアメイクショップでも同様でした！

POINT.4
コンシーラーをハイライターとして

高さを出したいところにはコンシーラーを。鼻筋、頬の高いところ、人中（唇の上）になじませると立体感のある顔に。

POINT.5
リップは最低3色混ぜる

自分に合う色にするためリップは最低3色混ぜるのが韓国流。リップライナーでオーバーリップ＋グラデーションに。

POINT.6
アイメイク→ファンデの順

スキンケアで肌を整えたらまずアイメイクからが基本。ファンデーションはリキッドが絶対。それを超薄く塗ります。

韓国メイクはテクが盛りだくさん！

韓国メイクで印象的なのはアイメイクをしてからファンデーションを塗ったり、高さを出したいところにコンシーラーをハイライターのように使うこと。今まで何度も韓国のヘアメイクさんにメイクをしてもらってきたこともあり、皆さんが愛用している鉄板アイテムも見えてきました！また、リップをいくつも混ぜて色を作ることも韓国メイクのポイント。私だけのリップカラーレシピを生み出したい♡。

> ここで撮影したよ！

ミラーバイミー江南

韓国の俳優・K-POPアイドルらの広告撮影を手掛けてきた写真家のレイ・ジュンさんが撮影、プロのヘアメイクアップアーティストによるヘアメイクが受けられる。価格は、ヘアメイク込みで370,000ウォン〜。

- ソウル市 江南区 宣陵路111キル 22-8 地下1階
- 11:00〜21:00
- @ mirror_by_me
- ※予約・問い合わせは Instagram のリンクからカカオトークを追加。日本語対応可。

Nana

「月1韓国美容課金ひとり旅」で大人気の韓国美容オタククリエイター。SNS総フォロワー60万人（2024年9月現在）。美容クリニックに勤務していた経験と、毎月韓国で美容課金をして得た知識をもとに発信される、韓国の美容施術の赤裸々な実体験レビューで話題になる。また、美容成分についての知見が深く、時には辛口で正直すぎるコスメレビューも話題に。SNSはもちろん、女性向け雑誌などでも美容家として人気を集める。

@nana.0312
@nana...0312
Instagram

医療監修●Clinic K　代表院長 キム・アソン

STAFF

アートディレクション&デザイン●松浦周作（マッシュルームデザイン）
カバー&表紙撮影●ミラーバイミー
撮影●ミラーバイミー
キム・ヨウル（韓国街中、取材先撮影）、光文社写真室（商品、プロセス撮影）
プロセス撮影ヘアメーク●SIX HINAKO
協力●株式会社Greed
監修協力●シャインビーム江南 社長秘書兼副代表 イ・セヨン
イラスト●リバー・リー
編集・取材・文●二俣愛子
編集●中野桜子
編集デスク●樋口 健、北川編子（光文社）

「月1韓国美容課金ひとり旅」で試したすべて

成功の毎日美容

2024年10月30日 初版第1刷発行
2024年11月25日　　3刷発行

著者	Nana
発行者	三宅貴久
発行所	株式会社 光文社
	〒112-8011
	東京都文京区音羽1-16-6
電話	編集部　03-5395-8172
	書籍販売部　03-5395-8116
	制作部　03-5395-8125
メール	non@kobunsha.com

組版　堀内印刷
印刷所　堀内印刷
製本所　ナショナル製本

落丁本・乱丁本は制作部へご連絡くださればお取り替えいたします。

R〈日本複製権センター委託出版物〉
本書の無断複写複製（コピー）は著作権法上での例外を除き禁じられています。本書をコピーされる場合は、そのつど事前に、日本複製権センター（☎03-6809-1281、e-mail:jrrc_info@jrrc.or.jp）の許諾を得てください。
本書の電子化は私的使用に限り、著作権法上認められています。ただし代行業者等の第三者による電子データ化及び電子書籍化は、いかなる場合も認められておりません。

©Nana 2024 Printed in Japan
ISBN978-4-334-10404-7

●本書に掲載されているすべての情報は2024年9月のものです。　●製品や美容施術の効果・感想は著者個人によるものです。施術の際は必ず医師と相談のうえ、自分に合ったものを選んでください。　●本書で紹介しているケア方法や成分、治療については、その効果や安全性を保証するものではありません。異常を感じたら直ちに医師に相談するようにしてください。
●医療機器などによる治療における痛みやダウンタイム、副作用には個人差があります。治療を検討する際は必ず医師による診察を受け、よく相談したうえで選択してください。